33 PROJEKTE OHNE WERKSTATT
MÖBEL UND DEKO SELBER BAUEN

Dostojewskij: Der Doppelgänger 2406
dtv bibliothek kubin
mare

33 PROJEKTE OHNE WERKSTATT
MÖBEL UND DEKO SELBER BAUEN

JÖRN LINDEMANN

CHRISTIAN

INHALT

Vorwort 5

DIE WERKSTATT IN DER WOHNUNG
Notwendige Handwerkszeuge 8
Starke Helfer: Elektrowerkzeuge 12
Solide und praktische
Arbeitsunterlagen 14
Unverzichtbare Helfer 16

33 PROJEKTE FÜR ZUHAUSE
Für Einsteiger
Mini-Vitrine 20
Beistelltisch 24
Handtuchhalter 26
Küchenhelfer 28
Kräutertafel 30
Messerblock 34
Messerbrett 36
Beton-Leuchter 38
Weinkisten-Regal 42
Windlicht-Schaukel 44
Ablage im Quadrat 48
Paletten-Regal 52

Für Fortgeschrittene
Stäbchen-Garderobe 54
Flaschenschale 56
Schlüsselbord 58
Weinplanke 62

3-Teile-Hocker 66
Modul-Regal 68
Sessellehnen-Tisch 70
Stummer Diener 74
Nachttisch 78
Desktop-Organizer 82
Starkes Küchenbrett 84
»Treibholz«-Spiegel 86
Futter-Bungalow 90
Zeitungsständer 94
Heizkörperversteck 98
Einfache Bank 102

Für Experten
Butler-Tablett 106
Bild und Tisch 110
Paletten-Sideboard 114
Badewannentisch 118
Paravent 122

Glossar 126
Impressum 128

VORWORT

Es gibt wohl kaum etwas, das mehr Freude macht, als sich schöne Dinge für das eigene Zuhause selbst zu bauen. Dass man dafür nur wenige Werkzeuge haben muss und ganz ohne Werkstatt auskommt, beweisen die 33 einfachen Projekte zum Nachbauen in diesem Buch.
Der größte Vorteil einer Werkstatt im Haus liegt wahrscheinlich darin, nicht immer gleich aufräumen zu müssen. Zum Heimwerken reicht aber ein stabiler Küchentisch als Basis für die eigene Kreativität volkommen aus – solange die Werke ein handliches Format haben.
Alle Objekte in diesem Buch sind tatsächlich an einem Küchentisch entstanden, der durch Arbeitsflächen, die auf den Seiten 14 und 15 gezeigt werden, zur Werkbank aufgerüstet wurde.
Die Projekte in diesem Buch steigern sich im Schwierigkeitsgrad von »einfach« zu »anspruchsvoll«. Dabei bedeutet »anspruchsvoll« aber nicht, dass Sie hierfür schon ein routinierter Heimwerker sein müssen. Anhand der Schritt-für-Schritt-Anleitungen können auch Einsteiger die gezeigten Objekte erfolgreich nachbauen.
Am Anfang werden Sie sich vermutlich mit einem der kurzen Projekte, die in fünf Schritten erklärt werden, warmlaufen, bevor Sie sich eines der Projekte mit zwölf Arbeitsschritten vornehmen.
In vielen der »großen« Projektbeschreibungen finden Sie zusätzliche Tipps, die alternative Methoden oder kleine Tricks erklären. Aber auch in den Anleitungen selbst wird immer wieder auf Möglichkeiten und Techniken hingewiesen, die zum Ziel führen.
Natürlich können Sie jedes der 33 Projekte nach Ihrem eigenen Geschmack und Ihren Bedürfnissen verändern. Die Mini-Vitrine ab Seite 20 lässt sich beispielsweise auch größer bauen, das Schneidbrett auf den Seiten 84 und 85 kann auch ein anderes Format bekommen und der Paravent ab Seite 122 kann doppelt so breit werden. Das erklärte Bauprinzip ändert sich dabei ja nicht, sondern nur die Maße. Dasselbe gilt selbstverständlich auch für die Farbgebung. In diesem Buch begegnet Ihnen immer wieder eine wassergelöste Lacklasur und pigmentiertes Holzöl, weil diese Anstriche einfach zu verarbeiten sind und relativ schnell trocknen. Lange Wartezeiten sind zwar nicht immer zu vermeiden, halten aber doch auf, wenn die Werkstatt nur auf Zeit eingerichtet ist. Natürlich können Sie auch hier Ihren eigenen Vorstellungen folgen und andere Farbtöne oder beispielsweise Lacke verwenden. Bei einigen Projekten findet man sie auch in diesem Buch.
Für manche Bauanleitungen brauchen Sie »exotische« Werkzeuge wie eine Lochsäge oder einen Kunstbohrer, die nicht gerade zur Basis-Werkzeugausstattung zählen. Diese Werkzeuge müssen Sie nicht zwangsläufig kaufen – es sei denn, Sie möchten Ihre Werkzeugausrüstung aufstocken. Die meisten elektrischen Werkzeuge können Sie im Baumarkt mieten. Fehlende Handwerkzeuge werden Sie sich aber leihen oder doch kaufen müssen. Ein Tipp für alle Projekte, bei denen lange Kanten eine 45°-Gehrung brauchen: Die lassen Sie sich am besten gleich beim Händler im Holzzuschnitt machen. Denn ganz exakt geht das nur mit einer Tischkreissäge oder einer Plattensäge und wer hat die schon zu Hause stehen? Bevor Sie Material einkaufen gehen und ein weiteres Mal bevor Sie anfangen zu bauen, sollten Sie die Bauanleitung durchlesen und die Arbeitsschritte verstanden haben, dann kann nichts mehr schiefgehen.
Viel Spaß beim Nachbauen, neu Designen und Einrichten mit 33 Projekten, die Sie ohne Werkstatt problemlos nachbauen können.

DIE WERKSTATT IN

Viel Platz ist nicht notwendig, um zu Hause eine kleine Werkstatt auf Zeit einzurichten. Aber einen soliden Arbeitsplatz sowie eine überschaubare Grundausstattung an Elektro- und Handwerkzeugen werden Sie schon brauchen, damit die Projekte gut gelingen.

DER WOHNUNG

NOTWENDIGE HANDWERKZEUGE

Zum Bauen von kleinen Holzmöbeln und Accessoires brauchen Sie eine Grundausrüstung an guten Handwerkzeugen, die sich grob in acht Gruppen unterteilen lassen. Es lohnt sich übrigens, etwas mehr Geld für gutes Werkzeug auszugeben – es hält länger und das Arbeiten damit macht auch einfach mehr Spaß.

HANDWERKZEUGE 9

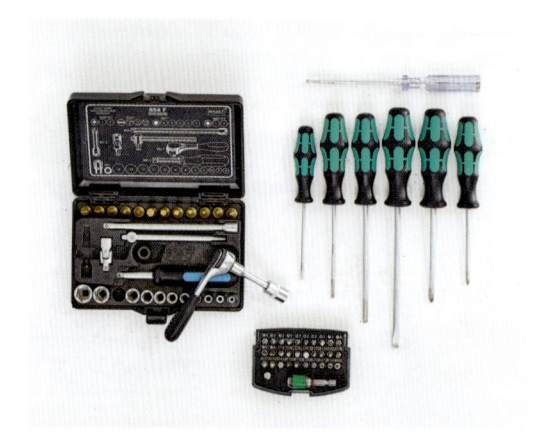

Die wichtigsten Schraubenzieher: ein Satz Handschraubenzieher, 1/4-Zoll-Stecknusskasten und ein Satz mit Schlitz-, Kreuzschlitz- und Torx-Bits für den Akkuschrauber. Kreuzschlitzdreher immer für PH- und PZ-Schrauben.

Pinsel gehören zur Grundausstattung. Lack- und Lasurpinsel (sie haben sehr weiche Borstenenden) jeweils in den Breiten 25, 40, 60 mm. Eine 10 cm breite Lackwalze kann das Sortiment ergänzen.

Unter Heimwerkern, Selbermachern und Häuslebauern ist es kein Geheimnis, dass man nie genug Werkzeug haben kann, denn man möchte für alle Aufgaben vorbereitet und gewappnet sein. Damit der Werkzeugbestand wächst und nicht immer nur ersetzt werden muss, lohnt es sich, in gute Werkzeuge zu investieren und hierfür etwas mehr Geld auszugeben. Das gilt auch für die Grundausstattung, die Sie im Haus haben sollten, wenn Sie sich vorgenommen haben, das eine oder andere Projekt aus diesem Buch Wirklichkeit werden zu lassen.

Die Werkzeuggruppen auf dieser Doppelseite zeigen die wichtigsten Handwerkzeuge für die Hauswerkstatt, erheben aber keinen Anspruch auf Vollständigkeit. Von einigen Werkzeugen können Sie schon zu Beginn der Heimschreinerei etwas mehr gebrauchen. So ist es empfehlenswert, sich vier Exemplare jeder Zwingenart anzuschaffen. Auch Pinsel sollten Sie ein paar in petto haben, bevor Sie mit dem ersten Projekt starten. Nichts ist ärgerlicher, als ein Projekt nicht beenden zu können, nur weil ein Pinsel fehlt.

Es wird aber trotzdem immer wieder vorkommen, dass Sie ein gerade benötigtes Werkzeug nicht zu Hause haben. Bei Elektrowerkzeugen ist dies in der Regel kein Problem, denn Sie können sich mit dem Mietservice eines Baumarkts behelfen. Dort können Sie oft sogar stundenweise mieten.

Bei Handwerkzeugen heißt es dann aber fast immer: Ab in den Werkzeughandel und das fehlende Werkzeug kaufen. Es sei denn, Sie können es sich bei Nachbarn oder Freunden ausleihen. In diesem Buch werden immer wieder sogenannte Kunstbohrer eingesetzt. Sie sind wie die bekannteren Forst-

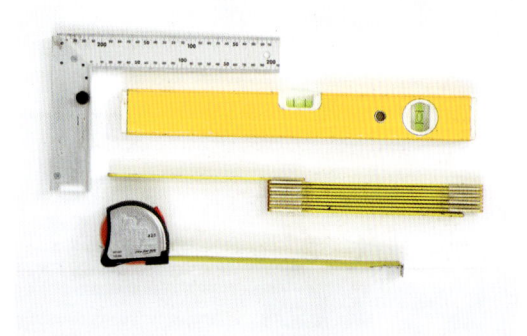

Messwerkzeuge sind unverzichtbar. Mindestens Schreinerwinkel, Zollstock und Maßband (mind. 3 m lang) sowie eine Wasserwaage gehören in jeden Werkzeugbestand.

nerbohrer zum Bohren von großen Löchern gedacht und haben ebenfalls eine Zentrierspitze zum Ansetzen und eine Umfangschneide, die aber sehr kurz ist, anders als beim Forstnerbohrer, wo diese Schneide fast den vollen Umfang einnimmt. Durch die Bauart der Kunstbohrer entsteht beim Bohren weniger Reibung und Wärme. Außerdem werden die Bohrspäne besser aus dem Bohrloch transportiert. Die Kunstbohrer sind kein »Muss«, aber eine Empfehlung. Auch mit einem Forstnerbohrer sind Sie gut bedient. Alle anderen Werkzeuge, die Sie im Basisequipment haben sollten, sind nicht außergewöhnlich und in jedem Baumarkt zu finden.

Aus der fast unüberschaubaren Vielfalt an Hämmern braucht man zwei Schlosserhämmer, 200 g und 300 g schwer, einen »Schonhammer« und ergänzend einen »Handtacker«.

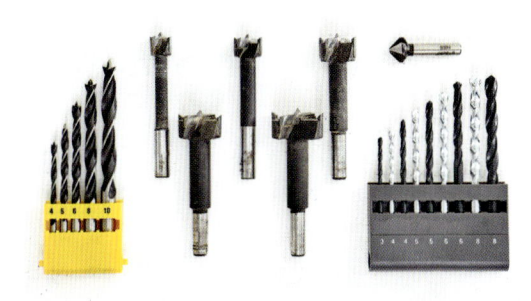

Ein Satz Holzbohrer mit Zentrierspitzen von 4 bis 10 mm Durchmesser ist Pflicht, dazu »HSS-Metallbohrer« und Steinbohrer, 4 bis 8 mm. Außerdem ein Satz Kunstbohrer, 15 bis 35 mm und ein »Anreiber« (o. r.) sind ideal.

Zum Pressen von Verleimungen sind Leimzwingen (M.) und Einhandzwingen (u.) Spezialisten. Für filigrane Arbeiten sind Modellzwingen optimal (r.). Schraubzwingen (l.) schaffen den höchsten Anpressdruck.

Mit vier Zangen ist man für die allermeisten Einsätze gerüstet: die bekannte Kneifzange (Vorneschneider), Kombizange für fast alles, Seitenschneider für Draht, Wasserpumpenzange für Rohrverschraubungen (v. l. n. r.).

Sägen für die Hauswerkstatt: Feinsäge mit Schneidlade (l.), Fuchsschwanz (o.), kleine und große Metall-Bügelsäge (o. M.), Japansäge (u. M.), zudem ein Satz Stecheisen (u.), ein Cutter (u. r.), sowie eine Raspel (r.) und ein Schleifkork (u. l.).

HANDWERKZEUGE

Eine elektrische Stichsäge, ob mit Akku oder kabelgebunden, sollte eine Pendelhubeinstellung und einen schwenkbaren Sägenfuß haben.

STARKE HELFER: ELEKTROWERKZEUGE

Elektrowerkzeuge übernehmen die Arbeit, wenn Sie kräfte- und ausdauermäßig an Ihre Grenzen stoßen. Selbst wenn Sie die meisten Arbeiten von Hand erledigen könnten, mit elektrischer Unterstützung geht es deutlich schneller und leichter. Stichsäge, Akkuschrauber und Bohrhammer sollten dafür im Haus sein.

Dicke Bretter und lange Schnitte bringen einen beim Sägen schnell mal an den Rand der eigenen Kräfte. Ohne Routine sind die beanspruchten Muskeln schlicht nicht darauf trainiert, einen Bewegungsablauf minutenlang zu wiederholen. Das kann man sportlich nehmen und als Training ansehen, aber diese Einstellung wird die Arbeit nicht beschleunigen. Dasselbe gilt für das Ein- und Ausdrehen von Schrauben. Es ist mühsam, etwas dickere und vor allem lange Schrauben von Hand ins Holz zu schrauben. Das können Sie sich aber mit guten und präzisen Elektrowerkzeugen ersparen. Wie beim Handwerkzeug gilt auch hier grundsätzlich: Wer mehr Geld ausgibt, bekommt in der Regel bessere Geräte. Doch Gelegenheitsheimwerker können auch beruhigt zu günstigeren Markengeräten greifen. Sie erfüllen alle ihren Zweck und letztlich ist es dann eher ausschlaggebend, ob und welches sinnvolle Zubehör zu dem jeweiligen Gerät angeboten wird. Also, ein Akkuschrauber der »Leistungsklasse« 14,4 oder 18,8 Volt hilft beim Schrauben. Eine Stichsäge kommt bei fast allen Holzbauprojekten zum Einsatz. Profis arbeiten übrigens gern mit einer sogenannten Knaufsäge (siehe linke Seite), weil sie sich gefühlvoller führen lässt. Nicht abgebildet, aber empfehlenswert, ist noch ein Schwing- oder Exzenterschleifgerät, denn auch das Schleifen von Hand kann ganz schön ermüdend sein.

Das letzte, unbedingt empfehlenswerte Gerät ist eine Bohrmaschine. Ohne sie wird kaum eine Montage an der Wand gelingen. Hier hat sich der sogenannte Bohrhammer durchgesetzt, der durch sein Hammerwerk eine relativ hohe Schlagenergie auf den Bohrer überträgt, sodass diesem selbst Beton nicht widersteht. Das Schlagwerk ist bei Bedarf abschaltbar (z. B. beim Bohren von Fliesen) und oft auch die Bohrfutterrotation, um mit dem Gerät Meißelarbeiten ausführen zu können. Zu beachten ist, dass heute alle Markengeräte »SDS-Bohrer« brauchen, die man an zwei länglichen Kerben am Bohrerschaft erkennt. Natürlich haben die Meißeleinsätze dieselbe Aufnahme.

Diese drei bis vier Geräte sind gute und starke Helfer für alle Projekte, die zu Hause anstehen.

Ein Bohrhammer ist heute »State of the Art« unter den elektrischen Bohrmaschinen. Mit ihm können Sie wirklich in jede Wand bohren und sogar meißeln. Sie brauchen aber spezielle »SDS-Bohrer« für das Bohrfutter.

Akkuschrauber (Abb. links) sind Standard, wenn es um einfaches Bohren und Schrauben geht. Schon eine Akkuspannung um die 10 Volt ist ausreichend für die meisten Holzarbeiten. Mit 14,4 oder sogar 18,8 Volt können Sie schon Schlagbohrschrauber betreiben, die auch Wände schaffen. Damit sind Sie für alle Aufgaben gerüstet.

Die simpelste Möglichkeit für einen stabilen Arbeitstisch ist eine große Holzplatte, die auf dem Tisch festgespannt wird. Eine dünne Decke darunter schont den Tisch.

SOLIDE UND PRAKTISCHE ARBEITSUNTERLAGEN

Wenn die Wohnung vorübergehend zur Werkstatt wird, dürfen die Möbel nicht leiden. Auch wenn es »nur« der Küchentisch ist, soll er ja seine ursprüngliche Funktion wieder zurückbekommen. Andererseits, ohne stabilen Arbeitsplatz geht es nicht. Es gibt aber durchaus gute und kostengünstige Möglichkeiten, sich in der Wohnung »einen Schreinerplatz auf Zeit« einzurichten.

Ein richtiger Arbeitstisch muss grundsätzlich stabil und widerstandsfähig sein. Außerdem darf er nicht zu niedrig sein. Beim Profi hat eine richtige Hobelbank in der Regel eine Arbeitshöhe von 90 Zentimetern. Einen Tisch mit dieser Höhe wird man zu Hause meist vergeblich suchen. Die beste Unterlage bieten Esstische, die immerhin eine Höhe von etwa 75 cm haben und damit die höchsten unter den üblichen Tischen sind.

Natürlich sind Wohnmöbel nicht zum Werken gemacht und müssen deswegen bei der Arbeit geschützt werden. Eine Folie oder auch eine alte Packdecke sind schon mal eine perfekte Basis, um Schmutz und Farbe von der Tischplatte fernzuhalten. Sie schützen aber nicht vor mechanischer Beanspruchung wie Hammerschlägen, herabfallendem Werkzeug und anderem, was zwangsläufig zu Dellen in der Möbeloberfläche führt.

Das können Sie durch eine zusätzlich aufgelegte Arbeitsfläche aus Holz verhindern.

Am preiswertesten und trotzdem effektiv ist eine einfache Holzplatte als Arbeitsplatte. Das kann Sperrholz, eine Spanplatte oder eine MDF-Platte sein, wie sie hier gezeigt wird. Auf dieser Unterlage sind die meisten der Projekte in diesem Buch entstanden. Egal was Sie verwenden, Ihre Arbeitsplatte sollte etwa zwei Zentimeter dick sein und wird einfach mit zwei kleinen Schraubzwingen am Tisch festgespannt. Damit die Zwingen den Tisch nicht von unten beschädigen, sollte hier noch je ein Stück Holz dazwischen gelegt werden.

Wenn Sie zu Leimzwingen greifen (Abb. links), können Sie auf das Zulageholz verzichten, da diese eine weiche Korkauflage haben. Oder Sie besorgen sich einen billigen Esstisch, dessen Beine sich einfach abnehmen lassen, und bauen ihn nur zum Werken auf. Die meist dünne Tischplatte solcher Möbel sollte ebenfalls zusätzlich mit einer dicken Holzplatte, maximal in der Größe des Tisches und mit einer Kantenlänge von mindestens 50 x 50 Zentimetern, verstärkt werden.

Die zweite Möglichkeit, aus einem Tisch eine Werkbank zu machen, ist die Idee einer Hobelbankmanufaktur im schwedischen Småland. Hier hat man eine sogenannte Spannzange, wie sie an Hobelbänken zu finden ist und sozusagen einen kleinen Ausschnitt aus einer Hobelbank zu einer mobilen Werkbank kombiniert. Man bekommt die »Smart vise« genannte Werkbank in Deutschland über das Internet. Die kleine Hobelbank wird ebenfalls nur mit zwei Schraubzwingen am Tisch befestigt. Da die Arbeitsfläche hier relativ klein ist, sollte man sie zusätzlich zu einer größeren Holzplatte einsetzen.

Die dritte und seit Jahrzehnten bewährte Möglichkeit, zu Hause zu werken, ist eine klappbare, mobile Werkbank. Schon für deutlich unter 100 Euro bekommt man im Baumarkt einen kleinen aber stabilen Werktisch als Einstiegsmodell. Die Arbeitsfläche dieser mobilen Arbeitstische ist zweigeteilt, sodass eine Hälfte über zwei Spindeln wie ein Schraubstock oder eine Spannzange zum Einklemmen von Werkstücken verfügt. Da diese Werkbänke ein eigenes Gestell haben, braucht man nicht unbedingt einen zusätzlichen Tisch. Dennoch ist es empfehlenswert, eine zusätzliche Arbeitsfläche als Ablage oder für das Verleimen größerer Teile zu haben. Dafür ist die Arbeitsfläche der mobilen Werkbänke schlichtweg zu klein.

Für die Projekte in diesem Buch sind alle drei Arbeitsunterlagen verwendet worden. Die Holzplatte war dabei am universellsten einsetzbar. Die kleine

Aus Schweden kommt diese mobile Werkbank. Sie wird einfach mit Zwingen am Tisch fixiert und lässt sich mit einer zusätzlichen Holzplatte kombinieren.

Wer keinen Tisch hat, der sich zum Arbeiten eignet, kann auf eine bewährte, mobile Werkbank zurückgreifen. Einfache Modelle gibt es schon für deutlich unter 100 Euro.

Hobelbank ist optimal, wenn es ums Festhalten von Bauteilen geht. Das kann die mobile Werkbank zwar auch gut, und sie hat bei großen Werkstücken die Nase vorn, hier brauchen Sie aber eine zusätzliche Arbeits- und Ablagefläche. Unter dem Strich haben sich alle drei Möglichkeiten bei den Projekten in diesem Buch bewährt.

UNVERZICHTBARE HELFER

Eine gute Werkzeuggrundausstattung ist das eine, aber ohne Hilfsmittel wie Leim, Schleifpapier oder einfache Putzlappen wird das schönste Projekt kein Erfolg. Außerdem sollten Sie natürlich bei einigen Arbeiten an Ihren persönlichen Schutz denken und ein paar Utensilien hierfür griffbereit haben. Diese Hilfsmittel gehören ebenso zur Grundausstattung wie Hand- und Elektrowerkzeuge.

Schleifpapier: mindestens in den Körnungen 80, 120, 150, 180 (je kleiner die Zahl, desto gröber das Korn).

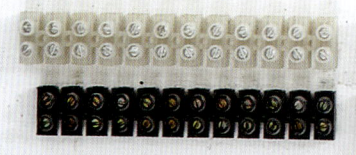

Lüsterklemmen: für das Verbinden oder Isolieren von Leitungs- und Kabelenden. Traditionell mit Klemmschrauben, modern mit Hebelklemmen.

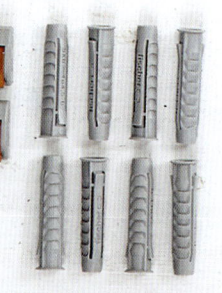

Universal-Nylondübel in den Durchmessern 6, 8 und 10 mm.

Holzkitt oder Holzspachtel für die Reparatur größerer Fehlstellen.

Klebebänder: Malerband (grün), Paketband (braun), Gewebeband (schwarz), Isolierband (kleine Rolle).

Holzwachs zum Füllen kleiner Fehlstellen. Hier in den Farbtönen Mahagoni, Kiefer, Eiche.

Bleistift zum Anzeichnen, Härtegrad B.

Holzleim (ideal ist ein schnell abbindender Leim) und Kontaktkleber für flexible Verklebungen, sowie ein 2-Komponenten-Epoxidkleber für feste Verbindungen nicht saugfähiger Klebeflächen.

Minimum an persönlicher Schutzausrüstung: gute Staubmaske mit Nasenbügel und Schutzhandschuhe.

HILFSMITTEL

33 PROJEKTE FÜR

Ein paar Stunden Zeit, ein eingerichteter Arbeitsplatz und viel Lust aufs Selbermachen von Möbeln und Accessoires, die das eigene Zuhause noch schöner machen – das ist alles, was Sie für die folgenden 33 Projekte brauchen.

ZUHAUSE

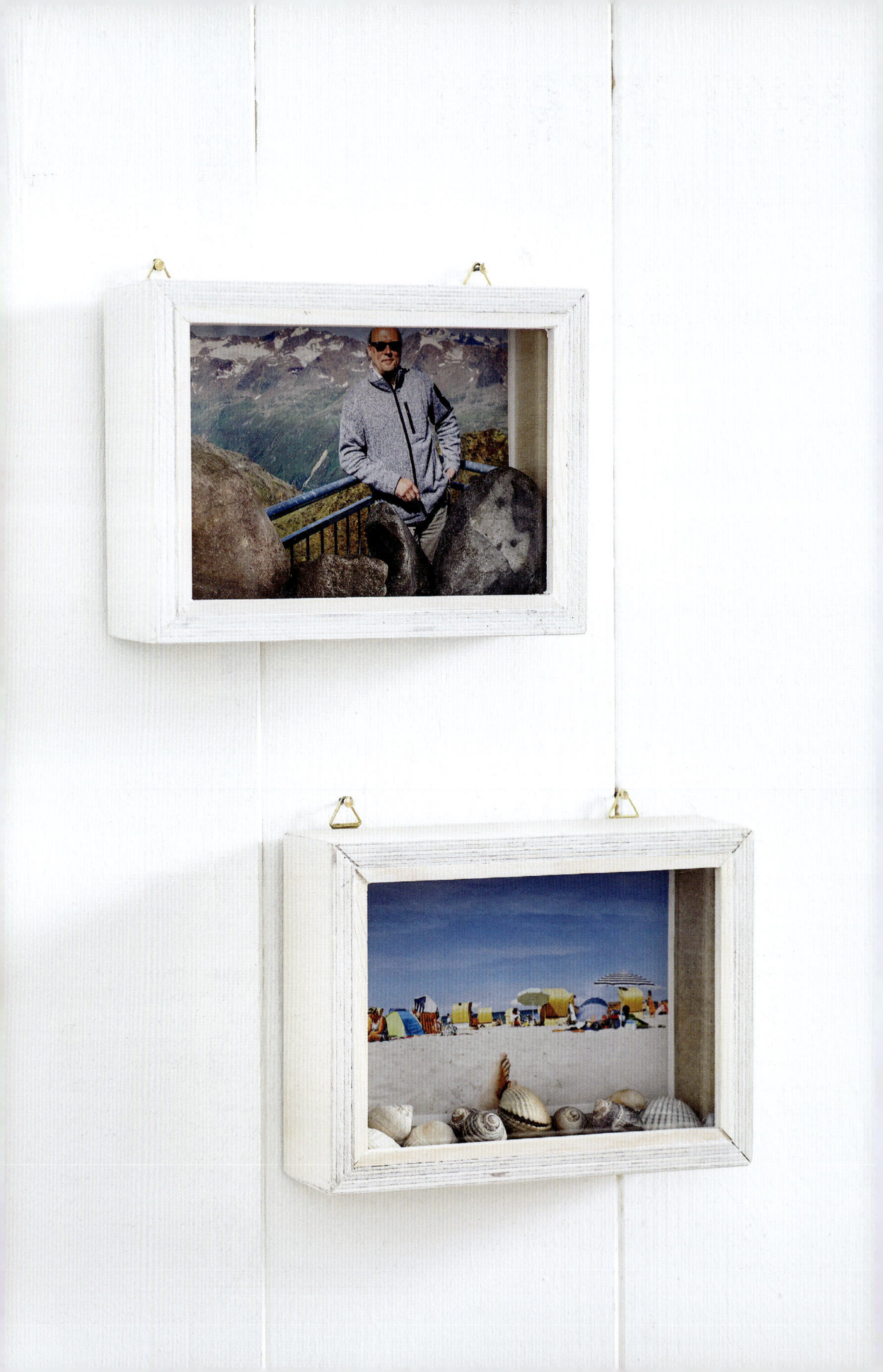

MINI-VITRINE

Jeder bringt sich aus dem Urlaub gern schöne Andenken mit. Dabei sind kleine Fundstücke vom Strand oder aus den Bergen sicher ganz oben auf der Liste der beliebtesten Mitbringsel. Damit die Erinnerungsstücke auch richtig zur Geltung kommen, müssen sie aber entsprechend präsentiert werden. Diese maßgefertigten Mini-Vitrinen für die schönen Urlaubserinnerungen lassen sich in ein paar Stunden ganz einfach selber bauen.

Diese kleinen Vitrinen an der Wand sind der perfekte Platz für die Fundstücke aus dem Urlaub oder vom letzten Spaziergang. Ganz gleich ob kleine, hübsche Kieselsteine aus den Bergen oder schöne Muscheln vom Strand, hier schützen Sie Ihre Erinnerungsstücke und bringen sie zugleich optimal und schön zur Geltung.
Es ist fast egal, wie groß die gesammelten Erinnerungsstücke sind, denn die kleinen Wandvitrinen lassen sich in fast jeder Größe herstellen. Das Bauprinzip bleibt dabei immer dasselbe.
Sobald die Vitrine größer als etwa Din A5 wird, sollten Sie aber mindestens die nächste Stärke der Holzplatten wählen (12 Millimeter) und diese zusätzlich mit kleinen Schrauben verbinden. Sonst lassen das Gewicht der Fundstücke und das Eigengewicht der Vitrine die Schaukästen möglicherweise aus dem Leim geraten und von der Wand fallen. Sollen die Schaukästen noch größer werden, dann muss auch die Plattendicke noch weiter erhöht werden, um die nötige Stabilität zu erhalten.
Die Rahmen der Mini-Vitrinen bestehen aus günstigen Birkenmultiplexplatten und sind an den Ecken auf Gehrung geschnitten. Die Gehrungen können Sie – zur Not – mit einer Stichsäge mit Schwenkfuß selbst schneiden. Besser und einfacher ist es, diese gleich beim Kauf im Baumarkt im Zuschnitt machen zu lassen. Das kostet einen kleinen Aufpreis, garantiert aber eine wirklich sauber gesägte Gehrung, die dann passgenau sitzt und nicht übersteht. Da im Baumarkt in der Regel keine schmalen Streifen geschnitten werden dürfen, müssen Sie die Plattenabschnitte mit ihrer zweiseitigen Gehrung dann nur noch selbst in schmale Streifen sägen. Das machen Sie am besten mit einer elektrischen Stichsäge oder mit einer sogenannten Feinsäge, mit der sich ganz exakt an einer Markierungslinie entlangsägen lässt.

MATERIALLISTE

Für eine Vitirine
- 2 Multiplexstreifen, 0,9 x 4,5 x 17,0 cm
- 2 Multiplexstreifen, 0,9 x 4,5 x 12,0 cm
- 1 Karton, 0,3 x 11,7 x 16,7 cm
- 2 Leisten 0,5 x 0,5 x 10,3 cm
- 2 Leisten, 0,5 x 0,5 x 15,1 cm
- Holzlasur, weiß
- 1 Kunstglasscheibe, 0,2 x 10,2 x 15,0 cm
- 2 Bilderösen zum Aufnageln
- 6 Messingnägel, ca. 12 mm
- Feinsäge, Schleifpapier Korn 150, Schreinerwinkel, Zentimetermaß, Holzleim, Paketklebeband, Cutter, Schneidlade, Pinsel, Heißklebepistole, Schmelzkleber, Hammer, spitze Zange

Die Scheibe der Vitrine besteht nicht aus scharfkantigem und bruchgefährdetem Glas, sondern aus Kunststoff. Genau genommen, aus preiswertem Polystyrol-Glas. Der Vorteil dieses Materials ist nicht nur die Bruchfestigkeit, sondern auch die einfache Bearbeitung. Dieser Kunststoff lässt sich sägen (Metallsäge), schneiden (Cutter) und schleifen. Wichtig ist, dass man die beidseitige Schutzfolie erst nach dem Bearbeiten abzieht.
Um die richtige Stimmung passend zur Umgebung in die Vitrine zu bekommen, wird der Hintergrund aus Pappe mit einem Foto oder einer thematisch passenden Postkarte beklebt. So bleibt jeder Urlaub in bester Erinnerung.

1 Der erste Bauschritt ist das Zuschneiden der Rahmen. Die Gehrungen an zwei gegenüberliegenden Seiten werden schon beim Plattenzuschnitt gemacht.

2 Nach dem Überschleifen der Sägekanten (Schleifpapier Korn 150), die Rahmenteile mit Holzleim zusammenfügen und mit Paketklebeband fixieren.

3 Die Rückwand wird aus Karton ausgeschnitten. Der verleimte Rahmen dient als Schablone und soll um die halbe Materialstärke größer sein als die Pappe.

4 In einer Schneidlade die vorderen »Glasleisten« auf Gehrung und Länge zusägen und beachten, dass das Rahmeninnenmaß die lange Gehrungsseite ist.

5 Das Foto oder die Postkarte mit Holzleim auf die Rückwand aus Karton leimen. Das Foto sollte mindestens so groß sein wie das Rahmeninnenmaß.

6 Die zugeschnittenen Glasleisten mit Holzleim (am besten mit hoher Anfangshaftung) bündig innen an die Vorderkante des Rahmens leimen.

7 Wenn der Leim angezogen hat und der Rahmen stabil ist, kann er bemalt werden. Hier ist es eine weiße Holzlasur, auch farbiger Lack ist geeignet.

8 Die erste Stufe des Dekorierens – hier ist das Thema Strandurlaub: Den Vitrinenboden mit Holzleim einstreichen und dann mit feinem Sand bestreuen.

9 Sind Leim und Sand angetrocknet, kann die Scheibe, an der Außenseite ohne Schutzfolie, mit Heißkleber von innen auf die Glasleisten geklebt werden.

10 Jetzt kommen die Erinnerungsstücke in die Vitrine. Sie werden zunächst probeweise angeordnet, dann mit Heißkleber in der Vitrine fixiert.

11 Die Rückwand aus Karton wird mit Heißkleber und Messingnägeln befestigt. Zum Aufhängen zwei Bilderösen an die Vitrinenoberkante nageln.

12 Einen Bildernagel einschlagen, Vitrine anhängen, mit der Wasserwaage ausrichten und die Position für den zweiten Nagel markieren.

BEISTELLTISCH

Ein kleiner Tisch, der gut in den Garten oder auf den Balkon passt, aber auch im Wohnzimmer schön aussieht, lässt sich in nur zwei Stunden bauen. Das Geheimnis sind Leistenreste, die man sowieso noch hat, oder die aus der Restekiste im Baumarkt kommen. Dazu etwas Leim, ein Seil und eine kleine, runde Glasplatte aus dem Möbelhaus – schneller und günstiger lässt sich ein Tisch kaum bauen!

1 Zuerst werden alle Leisten, Latten und Kanthölzer, die für das »Tischgestell« vorgesehen sind, mit Winkel und Bleistift auf einer Länge markiert. Für einen Beistelltisch sollten es etwa 40 cm sein.

2 Leisten und Latten lassen sich sehr exakt und rechtwinklig mit einer Japansäge ablängen. Werden auch größere Dimensionen (Kanthölzer) verarbeitet, braucht man einen scharfen Fuchsschwanz.

3 Nachdem alle Abschnitte probeweise zusammengestellt wurden, werden sie Stück für Stück mit etwas Holzleim verleimt. Ideal ist hier ein schnell abbindender Expressleim.

4 Ein weiches, naturfarbenes Tau mit 16 Millimetern Durchmesser (gibt es im Baumarkt) wird dreimal um das Leistenbündel gewickelt und dann mit einem »dekorativen Kreuzknoten« verbunden.

5 Damit die Glasplatte eine sichere Tischfläche bietet, bohrt man drei Sacklöcher, in einem möglichst großen Dreieck angeordnet, in die man Gummipuffer für Glasplatten steckt.

MATERIALLISTE

- ☐ Diverse Restabschnitte von Leisten, Latten, Kanthölzern, je 40,0 cm lang. Gesamtdurchmesser ca. 30,0 cm.
- ☐ 1 runde Tischplatte, Glas, Ø ca. 50,0 cm
- ☐ 4 laufende Meter Seil, geschlagen (z. B. »Spleitex«), Ø 16 mm
- ☐ 3 Glastisch-Gumminoppen, zum Einbohren, Ø ca. 15 mm
- ☐ Zollstock, Winkel, Bleistift, Japansäge, ggf. Fuchsschwanz, Holzleim

FÜR EINSTEIGER

HANDTUCHHALTER

Ordnung schaffen kann wirklich Spaß machen. Dieser Handtuchhalter, der auch gern Notizzettel, Rezepte oder Topflappen aufnimmt, ist schnell nachgebaut und lässt sich fast unendlich erweitern. Die Basis ist ein Gurtband, das man im Handel als Meterware bekommt. Die großen Holzklammern findet man im Internet. Da kommt die Ordnung nach dem Bastelspaß von ganz allein.

1 Zum Aufhängen des Gurtbands werden Löcher für Messingösen ins Band gestanzt. Dafür liegt den Ösen ein einfaches Stanzwerkzeug bei, das per Hammerschlag Löcher in der passenden Größe stanzt.

2 Dasselbe Stanzwerkzeug dient dazu, die Öse mit ihrem Gegenring zu verbinden. Durch kräftige Hammerschläge wird der Zylinder der Öse so umgebördelt, dass er Vorder- und Rückseite fest verbindet.

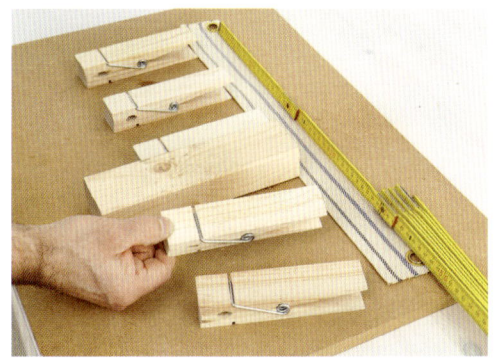

3 Die großen Holzklammern sollten mit gleichmäßigen Abständen zueinander an dem Gurtband befestigt werden. Dazu werden sie zunächst auf dem Tisch ausgerichtet, ein Abstandsklotz hilft dabei.

4 Jetzt wird das Gurtband so auf die Klammern gelegt, dass es zwischen den Klammern nicht durchhängt. Mit zwei Tackerklammern je Klammer (jeweils nahe dem Gurtrand) wird beides verbunden.

5 Zum Aufhängen des Klammerbands Messinghaken in die Wand dübeln. Bei einem langen Gurtband sollten Haken und Ösen mit höchstens etwa 40 cm Abstand montiert werden.

MATERIALLISTE

- 1 Gurtband, 6,0 x 50,0 cm
- 2 Messingösen, Ø 20 mm
- 5 Deko-Holzklammern, 3,5 x 15,0 cm
- 2 Schraubhaken, Messing
- 2 Wanddübel, passend zu den Haken
- Hammer, Stanz- und Presswerkzeug für Ösen, Zollstock, Hand- oder Elektrotacker, kurze Tackerklammern (6 mm), alternativ Kontaktkleber, Kombizange

KÜCHENHELFER

Stehsammler sind bekanntlich optimal für Akten und Zeitschriften. Sie eignen sich aber auch hervorragend für alle Utensilien, die man beim Kochen oder Putzen immer zur Hand haben möchte. Ob mit Kochlöffel, Folie und Geschirrtuch bestückt oder als Putzboy mit Glasreiniger, Abzieher und Fensterleder – auf Rollen und mit einem integrierten Küchenpapierhalter ausgerüstet ist er der perfekte Helfer für Küche und Haushalt.

1 Die Stehsammler aus Holz werden zunächst lasiert oder farbig lackiert. Dasselbe macht man auch mit der Oberseite und den Rändern der Grundplatte sowie dem Rundholz für die Mitte des Küchenhelfers.

2 Mit zwei Bleistiftlinien von Ecke zu Ecke wird an der Unterseite der Grundplatte der Mittelpunkt festgelegt. Hier bohrt man ein Loch für das Rundholz, den späteren Küchenpapierhalter.

3 Mit einer Holzschraube (4 x 40 mm) wird das Rundholz an der Grundplatte gehalten. Fixiert wird es durch etwas 2-Komponenten-Epoxidkleber, der auch auf lackierten oder lasierten Flächen hält.

4 Die Stehsammler werden durch ihren Boden hindurch mit zwei kurzen Schrauben (3 x 16 mm) auf der Grundplatte befestigt. Dabei sind sie zueinander bündig und haben immer denselben Abstand.

5 Zum Schluss schraubt man kleine Lenkrollen mit etwa 30 Millimetern Durchmesser an die Ecken der Grundplattenunterseite. Ihr Drehpunkt sollte etwas außerhalb der Stehsammler liegen.

MATERIALLISTE

- 4 Stehsammler, Holz
- Holzlasur, weiß
- 1 MDF-Platte, 1,8 x 40,0 x 40,0 cm
- 1 Rundholz, Ø 2,8 cm, Länge 28,0 cm
- 4 Lenkrollen, Ø 30 mm
- Dekorwachs, schwarz
- Lasurpinsel, Lackpinsel, Akkubohrschrauber, 4-mm-Bohrer, 1 Holzschraube 4 x 40 mm, Kreuzschlitz-Bit, 2-Komponenten-Epoxidkleber, 24 Holzschrauben, 3 x 16 mm

MINZE   CURRY

BASILIKUM   BOHNEN-
KRAUT

KRÄUTERTAFEL

Frische Kräuter stets zur Hand zu haben, ist kein Luxus und selbst in der kleinsten Wohnung möglich. Die Lösung bietet dieses Kräuterbeet für die Küchenwand. Es besteht aus schlichten Dachrinnenstücken, einer Holzplatte und etwas Tafelfarbe. So können Sie das ganze Jahr mit frischen Kräutern kochen, und was Sie in den Kräuterrinnen gepflanzt haben, schreiben Sie einfach mit Kreide darunter. So wird immer das richtige Kraut Ihre Speisen abrunden.

D ass Kräuter gesund und schmackhaft sind, ist bekannt. Leider kommen sie in unseren Küchen oft nur noch in getrocknetem Zustand vor, was ihnen so manchen gesunden Inhaltsstoff nimmt. Das muss nicht sein, denn natürlich können Sie sich Ihre Kräuter auf der Fensterbank selbst ziehen und lange Wochen des Wartens in Kauf nehmen. Eine gute Alternative sind Kräuter, die es im Supermarkt oder auf dem Wochenmarkt als Topfware gibt. Aber ganz gleich wo sie herkommen, man muss sie umpflanzen und ihnen etwas mehr Platz geben, damit sie lange frisch bleiben.
Mehr Platz bietet dieses Kräuterbeet zum An-die-Wand-Hängen allemal. Die Rinnenabschnitte mit 100 mm Nennweite sollten auch nur mit einer Pflanze pro 25 cm Länge bepflanzt werden. So haben die Wurzeln genug Platz sich auszubreiten und Nahrung aufzunehmen. Das ist im zwar tieferen, aber engen Pflanztopf kaum möglich. Das Umpflanzen ist einfach: Die Kräuter samt Erde und Wurzelwerk aus dem Topf nehmen und mit etwas zusätzlicher Pflanz-, Saat- oder Kräutererde in die Rinne setzen und nur wenig Wasser angießen. Da die Rinnen weder einen Ablauf haben noch aus porösem, saugfähigem Material bestehen, müssen Sie penibel darauf achten, dass die Erde zwar feucht ist, sich aber kein Wasser in der Rinne sammelt – deshalb lieber öfter und dafür weniger gießen. Das ist auch schon das Schwierigste an der Kräuterzucht im »Wandbeet«. Das Bauen des Kräuterbeets ist dagegen kein Problem. Es besteht aus einer 15 mm dicken Sperrholzplatte und zwei, hier 50 Zentimeter langen, Rinnenabschnitten aus Aluminium. Die Rinne, die Rinnenhaken und Rinnenböden (Endkappen) findet man im Baumarkt und sie sind ohne Werkzeug durch schlichtes Umbiegen von Laschen miteinander verbunden. Das ist simpel und erfordert wirklich kaum Kraftaufwand. An dieser Stelle passt der Hinweis, dass man keine Rinne aus Kupfer nehmen darf, sie verträgt sich auf Dauer nicht mit den Pflanzen – auch wenn sie schön aussieht.
Das Grundbrett wird nach Herstellerangaben mit Tafellack gestrichen, der in diesem Buch noch mehrfach zum Einsatz kommt. Er ist durch seine extrem matte Oberfläche optisch zurückhaltend und wirkt dadurch leicht edel. Außerdem erfüllt er natürlich seinen Zweck als Schreibuntergrund. Wer also ein paar Stunden in dieses Kräuterbeet an der Wand investiert, muss nie wieder auf frische Kräuter verzichten.

MATERIALLISTE

- 1 Sperrholzplatte, 1,5 x 60,0 x 60,0 cm
- Tafellack, schwarz
- 4 Rinnenhaken
- 2 Dachrinnenabschnitte, 10,0 x 50,0 cm
- 2 Rinnenböden (Endkappen), links
- 2 Rinnenböden (Endkappen), rechts
- 2 Schrauben, 5 x 50 mm
- 2 Wanddübel, Ø 8 mm
- Tafelkreide
- Einhand-Winkelschleifer, Lasurpinsel, Bleistift, Zollstock, Akkubohrschrauber, 6-mm-Holzbohrer, Holzschrauben (20 mm) Bohrhammer oder Schlagbohrmaschine, Klebeband, Metallsäge, Feile, Fächerschleifscheibe Korn 80, 8-mm-Steinbohrer

1 Der Plattenrand bekommt mit einem Einhandwinkelschleifer und einer Fächerschleifscheibe leichte, unregelmäßige Dellen. Das Gerät können Sie mieten.

2 Anschließend wird die Sperrholzplatte auf der Vorderseite und an den Rändern mindestens zweimal mit Tafellack lackiert.

3 Mit einem Zollstock und einem Bleistift werden die Positionen der Rinnenhaken markiert. Diese müssen senkrecht und auf einer Höhe montiert werden.

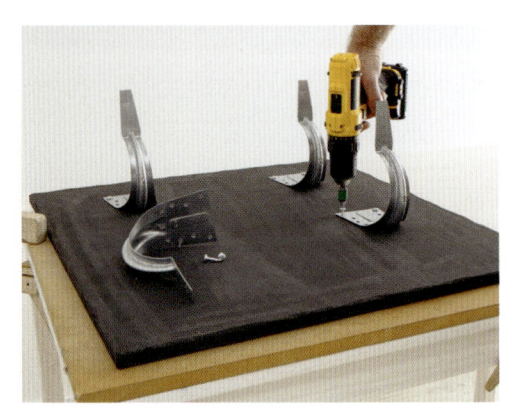

4 Mit Holzschrauben können die Rinnenhaken ohne Vorbohren festgeschraubt werden. Die Schrauben dürfen maximal 20 Millimeter lang sein.

5 An den Ecken werden Löcher mit fünf Millimetern Durchmesser gebohrt. Durch sie hindurch wird die Platte später an der Wand verschraubt und verdübelt.

6 Markieren Sie jetzt ein 50 Zentimeter langes Rinnenstück mit Klebeband, an dem entlang Sie das Stück mit einer Eisensäge sauber abtrennen.

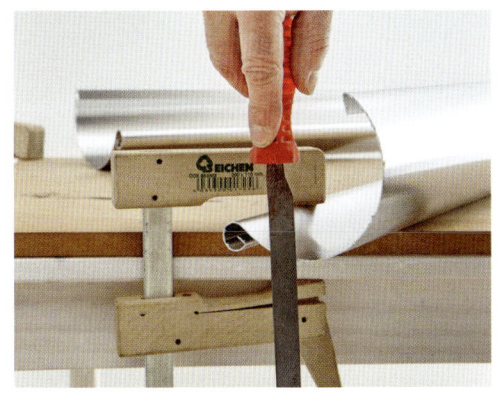

7 Beim Sägen entsteht ein Metallgrat. Er ist scharf und kann die Passgenauigkeit der Endkappe beeinträchtigen. Er wird mit einer Metallfeile entfernt.

8 Jetzt die Endkappe (Rinnenboden) auf die Rinne stecken. Schon beim Einkauf gilt es zu beachten: Es gibt linke und rechte Endkappen!

9 Vorne passt die Endkappe genau in den Wulst an der Rinnenvorderseite. Hinten wird die Lasche der Endkappe einfach um den Falz der Rinne gebogen.

10 Wie in Schritt 9 wird die fertige Rinne in den Rinnenhaken befestigt: Einfach vorn und hinten die Hakenlaschen über die Rinne biegen.

11 Nachdem das Kräuterbeet an die Wand gedübelt wurde, wird es mit Kräutern bepflanzt. Die Lücken schließt eine spezielle Pflanzerde.

12 Zum Schluss können Sie die Kräuternamen unter der Rinne auf das Tafelbrett schreiben. Jetzt noch etwas Wasser angießen und genießen.

FÜR EINSTEIGER

MESSERBLOCK

Gute Küchenmesser brauchen eine sorgsame Aufbewahrung, damit sie nicht auf ihren Schneiden liegen. Dieser Messerblock löst das Problem mit wenig Aufwand. Die Klingen stecken zwischen Hunderten von Holzstäbchen, sodass der feine Grat, der dem Messer die Schärfe gibt, nicht beschädigt wird. Nur eines ist zu beachten: In den Block dürfen nur hundertprozentig trockene Messer, da die Holzstäbchen nicht geschützt sind. Mit diesem Messerblock haben Sie Ihre scharfen Messer immer griffbereit und optisch bestens verwahrt.

1 Die zugeschnitten gekauften Buchensperrholz-platten werden nach dem Windmühlenflügelprinzip stumpf miteinander verleimt. Stramm geklebtes Paket-klebeband ersetzt die Leimzwingen.

2 Sobald der Leim angezogen hat, wird der Boden aus Hartfaserplatte aufgeleimt. Bis der Leim trocken ist, können Sie den Boden mit einer vollen Farbdose oder etwas Ähnlichem beschweren.

3 Um die Holzmaserung hervorzuheben, wird der Korpus des Messerblocks mit einem pigmentierten Holzöl gestrichen. Die Anzahl der Anstriche bestimmt den Ton – zwischendurch trocknen lassen.

4 Der Messerblock soll neben den Klingen auch die Küchenmöbel schonen. Deswegen wird ein pas-send zugeschnittenes Stück Filz (Moosgummi geht auch) auf den Boden geleimt.

5 Handelsübliche Schaschlikspieße geben den Messern den Halt. Sie werden, mit der Spitze nach oben, dicht an dicht in den Messerblockkorpus gestellt – erst liegend, zum Schluss stehend.

MATERIALLISTE

- 4 Buchen-Sperrholzplatten, 0,9 x 15,0 x 19,5 cm
- 1 Hartfaserplatte, 0,5 x 15,0 x 15,0 cm
- Holzöl, pigmentiert
- 1 Stück Filz oder Moosgummi, 15,0 x 15,0 cm
- ca. 2000 Schaschlik-Holzspieße
- Holzleim, Paketklebeband, Lasurpinsel

FÜR EINSTEIGER

MESSERBRETT

Ein magnetisches Messerbrett ist die zweite gute Möglichkeit, wertvolle Küchenmesser schonend und zugleich dekorativ aufzubewahren. Der Trick sind viele kleine, aber starke »Neodym-Magnete« an der Rückseite des Bretts. Sie halten auch große Messer problemlos. Die Magnete lassen sich im Internet bestellen. Für eine schöne Optik sollten Sie sich ein edles Holz aussuchen, hier ist es Teakholz, das Sie ebenfalls über das Internet bekommen können.

1 Mit einem hartmetallbestückten Kunstbohrer werden zuerst drei Reihen Sacklöcher im Format der Neodym-Magnete gebohrt. Die Löcher haben einen gleichmäßigen Abstand zueinander.

2 Anschließend werden die Kanten gebrochen (Korn 120) und die Flächen leicht übergeschliffen. Dabei öfter das Papier wechseln, da es sich mit dem leicht öligen Teakholz-Schleifstaub schnell zusetzt.

3 Mit einem 2K-Epoxid-Kleber werden die Magnete in die Sacklöcher geklebt. Dabei auf Abstand zwischen den Magneten achten: Sie werden zueinander hingezogen und lassen sich nur schwer trennen.

4 Das Stützbrett mit etwa halber Höhe des Messerbretts wird an einer Kante, in einem Winkel von 10 Grad, schräg geschnitten und dann mit 2K-Epoxidkleber an die Rückseite des Messerbretts geklebt.

5 Zum Schluss wird die Holzoberfläche mit Holzöl oder gewöhnlichem Pflanzenöl geschützt. Das Öl mit einem fusselfreien Tuch auftragen, kurz einziehen lassen und zurückbleibendes Öl abwischen.

MATERIALLISTE

- 1 Teakholzbrett, 2,5 x 18,0 x 40,0 cm
- 19 Neodym-Magnete, Ø 2,0 cm, Höhe 1,0 cm
- 1 Teakholzbrett, 2,5 x 13,0 x 18,0 cm
- Akkubohrschrauber, Forstnerbohrer Ø 20 mm, Schleifpapier Korn 120, Schleifkork, 2-Komponenten-Epoxidkleber, Holzöl oder Pflanzenöl

FÜR EINSTEIGER

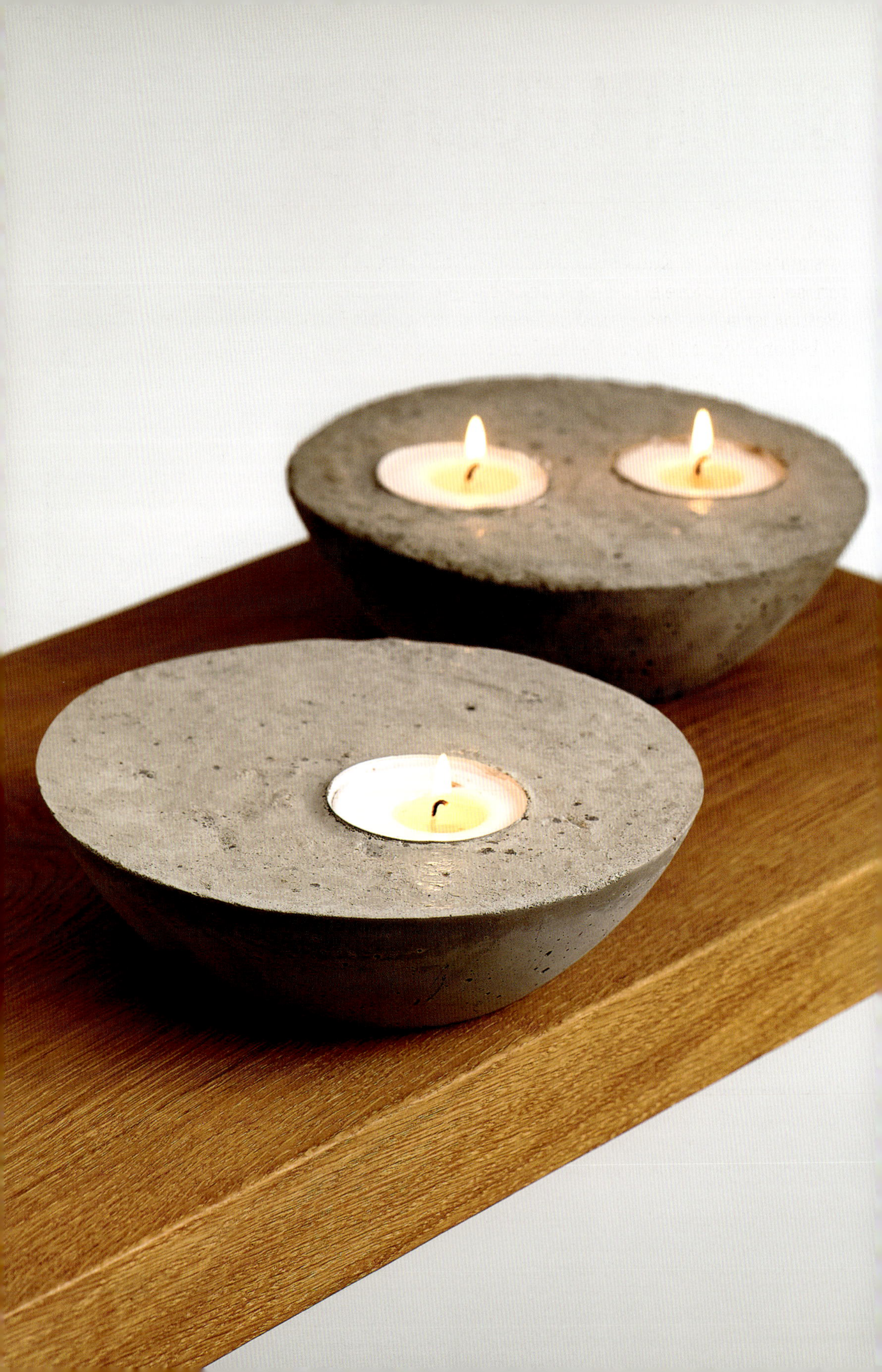

BETON-LEUCHTER

Gegenstände aus Beton stehen bei Selbermachern und Einrichtern gleichermaßen hoch im Kurs. Das archaische Material bildet einen reizvollen Kontrast zu Möbeln aus glattem Holz, Kunststoff oder Glas. Dabei muss Beton gar nicht wuchtig auftreten, so wie es diese schlichten und schönen Kerzenleuchter beweisen. Das Material »Beton« ist sehr günstig und in jedem Baumarkt als Estrichbeton-Fertigmischung zu bekommen. Mit etwas Geduld und der richtigen Methode sind die Leuchter aus Beton wirklich einfach herzustellen.

Zugegeben, das Arbeiten mit Beton ist eine staubige und schmutzige Angelegenheit. Aber gleichzeitig ist es faszinierend, wie aus der formbaren Masse des frisch angerührten Betons am Ende ein massiver, steinharter Gegenstand wird. Damit das gelingt, sollte der Beton sehr fein sein. Gut geeignet sind Fertigmischungen aus dem Baumarkt, die nur noch mit wenig Wasser angemischt werden müssen. Geben Sie immer nur sehr wenig Wasser in den Mischeimer und gießen Sie im Zweifel in kleinen Mengen nach. Am Ende soll eine formbare, »erdfeuchte« Masse dabei herauskommen. Gemischt wird entweder mit einer kleinen Maurerkelle oder mit einem speziellen Rührkorb für Mörtel und andere pastöse Materialien, den man in die Bohrmaschine spannt. Ein Tipp für die Arbeit mit Beton ist das Tragen von Schutzhandschuhen, denn der Zement im Beton greift die Haut an.

MATERIALLISTE

- ca. 3 Kilo Estrichbeton-Fertigmischung
- Große Teelichter, Ø ca. 5,0 cm
- Mischeimer, kleine Maurerkelle, Kunststoffschüsseln als Form, Speiseöl, Pinsel, Zollstock, wasserfester Filzschreiber, Zahnstocher oder sehr spitzer Bleistift, Schleifpapier Korn 80, Schleifkork

» TIPP

Beton hat einen großen Nachteil: Er braucht gefühlt ewig zum Trocknen. Wer dabei auf der sicheren Seite sein möchte, sollte 14 Tage Trockenzeit in der Form einrechnen. Wem die Geduld oder schlicht die Zeit dafür fehlt, der kann es auch mit sogenanntem Blitzzement versuchen. Dieser ist zwar deutlich teurer als gewöhnlicher Beton, aber dafür erstarrt er bereits nach wenigen Minuten. Das bedeutet jedoch auch, dass man schon etwas Routine braucht und den Arbeitsablauf vorher bereits zwei-, dreimal geprobt haben sollte. Doch auch hier gilt: Das fertige Werk frühestens nach einem Tag aus der Form nehmen.

1 In den Mischeimer etwa anderthalb Zentimeter hoch Wasser einfüllen. Dann kellenweise Beton einfüllen, bis das Wasser vollständig aufgesogen ist.

2 Das Beton-Wasser-Gemisch mit der Maurerkelle gut durchmischen. Es darf zum Schluss weder Wasser noch grauer Zement zu sehen sein.

3 Das Mischungsverhältnis von Wasser zu Beton stimmt, wenn eine formbare Masse entstanden ist. Man bezeichnet diesen Zustand auch als »erdfeucht«.

4 Obwohl viele Kunststoffschüsseln aus Polypropylen sind, an dem nichts haften bleibt, wird die Form mit einfachem Speiseöl als Trennmittel gefettet.

5 Jetzt wird der Beton in mehreren Schichten in die Form gefüllt und jede Schicht durch Einstechen der Kellenspitze verdichtet.

6 Die endgültige Füllhöhe markieren Sie vorher mit einem wasserfesten Filzstift in einem bestimmten Abstand zum Schüsselrand.

7 Wenn die Füllhöhe erreicht ist, muss die Oberfläche geglättet werden. Dafür streichen Sie mit der Metallkelle mit wenig Druck über den Beton.

8 Als »Platzhalter« werden jetzt ein oder mehrere große Teelichter (ø 5,0 cm) mit wippenden Bewegungen in den frischen, geglätteten Beton gedrückt.

9 Die Teelichter schwimmen oft etwas auf. Das liegt an Lufteinschlüssen unter dem Teelicht. Leichtes Klopfen auf die Kerze lässt die Luft aufsteigen.

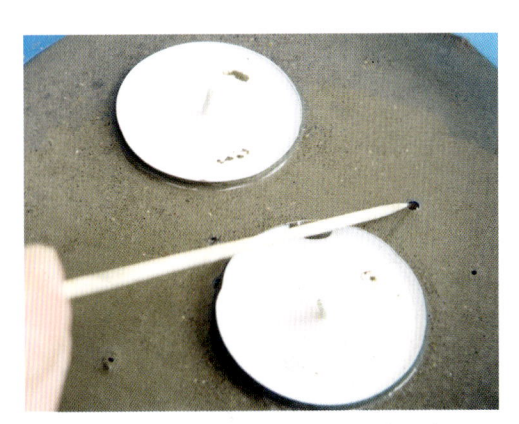

10 Luftblasen an der Oberfläche werden mit einem Zahnstocher, einem spitzen Bleistift oder etwas Ähnlichem zum Platzen gebracht.

11 Nach mindestens einer Woche Wartezeit kann der Leuchter aus der Form genommen werden. Einfach die Form umdrehen und etwas klopfen.

12 Wem die Ränder zu unregelmäßig sind, kann diese mit grobem Schleifpapier (Körnung 80) glätten und in Grenzen formen.

FÜR EINSTEIGER

WEINKISTEN-REGAL

»Upcycling« nennt man es, wenn man ausgediente Gebrauchsgegenstände einem neuen, sinnvollen Zweck zuführt. Alte Weinkisten eignen sich geradezu perfekt, um ihnen ein neues Leben als kleines Regal zu schenken. Mit etwas Sprühlack und ein paar Schrauben lässt sich das dekorative Regal an einem Tag verwirklichen und kann dann der ideale Begleiter für den Lieblingssessel werden.

1 Zuerst bekommt die Grundplatte an den Ecken vier kleine Lenkrollen untergeschraubt (Durchmesser ca. 30 mm). Sie machen das Regal später beweglich. Die Schrauben dürfen nicht durch die Platte kommen!

2 Jetzt spannt man jeweils zwei Kisten mit Leimzwingen zusammen und bohrt für die drehbare Verbindung der Kisten ein 8-mm-Loch durch die hintere Leiste der Kistenwand.

3 Mit Sprühlack wird das unbehandelte, saugfähige Holz eingefärbt. Das sollte zweimal erfolgen, da die erste Schicht hier die Aufgabe einer Grundierung übernimmt. Man kann die Kisten wie üblich lackieren.

4 Die Grundplatte wird jetzt außen an die untere Kiste geschraubt. Dabei darauf achten, dass die Schrauben so kurz sind, dass man sie keinesfalls durchschraubt.

5 Abschließend verbindet man die drei Kisten mit Schlossschrauben und je einer großen und einer kleinen zwischengelegten »Karosseriescheibe« (sie haben einen breiteren Rand als Unterlegscheiben).

MATERIALLISTE

- ☐ 1 Multiplexplatte, 0,9 x 24,0 x 46,0 cm
- ☐ 4 Lenkrollen, Ø 30 mm
- ☐ 3 (Wein-)Kisten, 31,5 x 24,0 x 46,0 cm
- ☐ 2 Dosen Lackspray, lichtgrau
- ☐ 2 Schlossschrauben, M 8 x 30 mm
- ☐ 2 Muttern M 8
- ☐ 2 Karosseriescheiben, ca. 8 x 24 mm
- ☐ 2 Karosseriescheiben, ca. 16 x 60 mm
- ☐ Akkubohrschrauber, Zollstock, Bleistift, 8-mm-Holzbohrer, Kreuzschlitz-Bit PZ2, 13-mm-Schraubenschlüssel

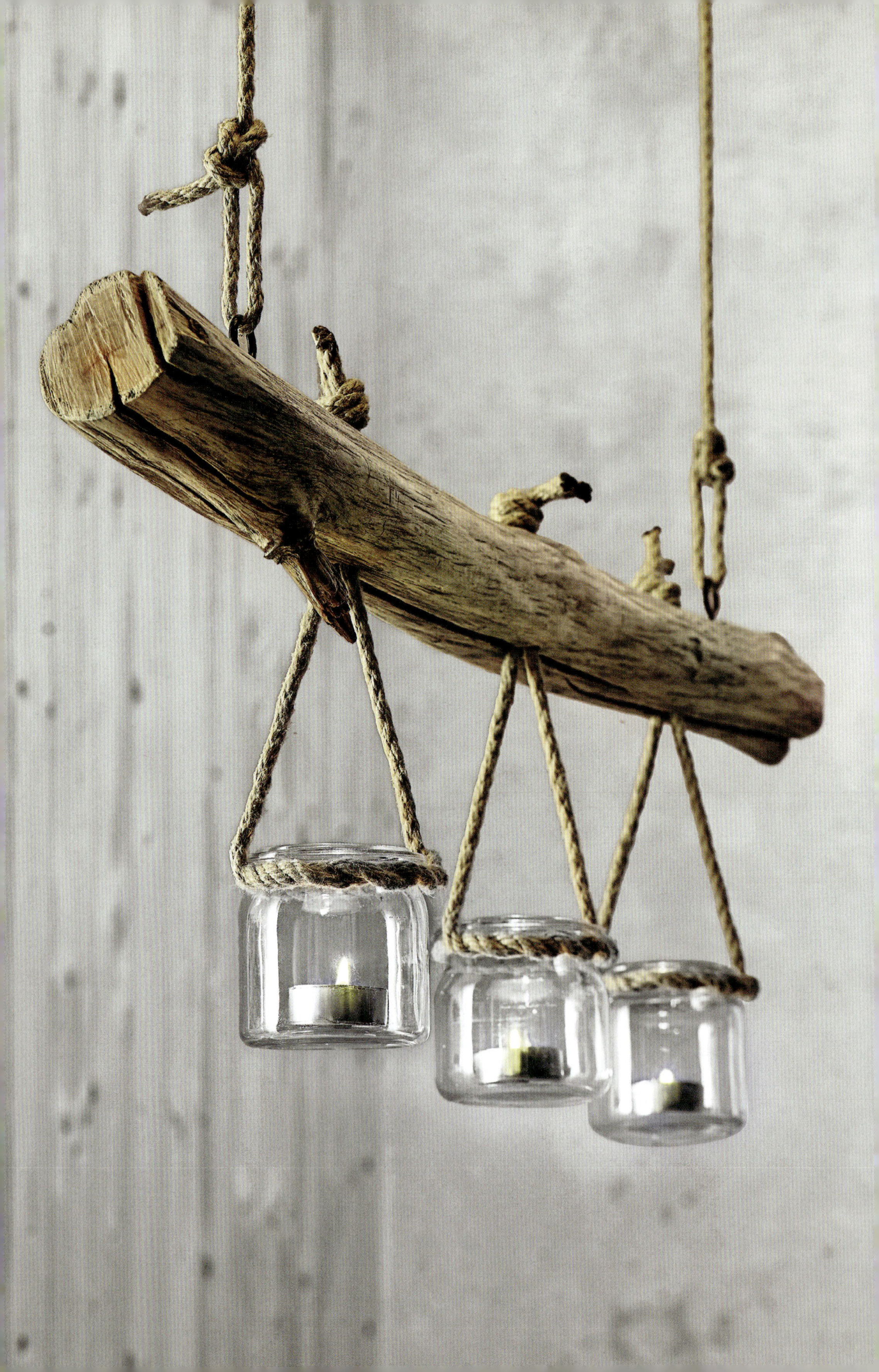

WINDLICHT-SCHAUKEL

Es schafft schon eine besondere Atmosphäre im stimmungsvollen Licht von Kerzen draußen auf dem Balkon oder der Terrasse zu sitzen, um den Abend zu genießen. Für die richtige Beleuchtung sorgen diese Windlichter, die ausgediente Einmachgläser und einen herabgefallenen, knorrigen Ast aus dem Wald zu einer ganz besonderen Lichterkette kombinieren. Dafür brauchen Sie keine handwerkliche Routine, nur einen langen, dicken Bohrer und zwei Stunden Zeit.

Manchmal finden sich im Garten oder bei einem Spaziergang im Wald besonders schöne, knorrige oder verwachsene Äste, die beim letzten Sturm heruntergefallen sind. Auch wenn Sie keine spontane Idee haben, wie Sie so ein Fundstück als Dekoobjekt zu Hause einsetzen, nehmen Sie den Ast erst mal mit. Ist der Ast trocken, also leicht, können Sie ihn sofort zur Verschönerung der Wohnung verwenden.

Eine hübsche Möglichkeit ist diese Lichterkette aus Einmachgläsern für draußen. Dafür wird der Ast von Schmutz und Moosen befreit und mit einem Wachs wasserabweisend gemacht. Dann wird für jedes Glas in etwa 30 Zentimetern Abstand ein Loch gebohrt, sodass zwei Seile mit jeweils 10 Millimetern Durchmesser hindurchpassen. Zwei Ringösen zum Aufhängen der Windlicht-Leiste und ein wenig Knotenkunst: Das ist alles, was Sie dann noch für stimmungsvolle Abende auf der Terrasse brauchen – vielleicht abgesehen von einem guten Wein und netter Gesellschaft.

Die Knotenkunst besteht aus zwei echten Seemannsknoten, dem bekannten Palstek und dem Achtknoten. Dagegen ist für die Befestigung der Gläser auf eine einfache Schlingtechnik zurückgegriffen worden. Sie können auch spezielle Lastknoten verwenden, die Sie sich im Internet erklären lassen können, die aber unnötig kompliziert sind. Wie Sie die Seemannsknoten machen, wird in der folgenden Bauanleitung gezeigt. Das ist auch für »Landleute« erstaunlich unkompliziert.

Das Tau bezeichnet man als dreikardeelig geschlagen, was nicht mehr bedeutet, als dass es aus drei Strängen zusammengedreht wurde. Man bekommt es aus Kunstfaser (z.B. Spleitex) in gut sortierten Baumärkten oder solchen, die auch eine Wassersportabteilung haben. Beim Kaufen des Taus als Meterware liegt meist ein elektrischer »Tauschneider« bereit. Er hat, ähnlich einem Lötkolben, eine Klinge, die zum Glühen gebracht wird, womit das Kunststofftau durchgeschmolzen wird. So werden die einzelnen Fasern auch gleich verschweißt und das Tau kann nicht mehr »aufrippeln«. Zu Hause schneidet man das Tau am besten mit einem scharfen Cuttermesser und verschweißt die Enden des Taus mit einer Feuerzeugflamme. Vorsicht, erst ein paar Minuten warten, bis Sie das Ende anfassen. Sind diese kleinen Hürden genommen, steht dem lauschigen Abend nichts mehr im Wege.

MATERIALLISTE

- 1 Ast, Ø ca. 9,0 cm, Länge 110,0 cm
- Holz-Antikwachs
- 2 Ringösen, schwarz, Ø 30 mm
- 3 Einmachgläser, Ø ca. 11,0 cm, Höhe mind. 12,0 cm
- 5 mal 1,5 m Kunstfaserseil, Ø 10 mm (z.B. »Spleitex«)
- 3 Teelichter, ca. 5,0 cm
- Schleifpapier Korn 80, Bleistift, Zollstock, Forstner- oder Kunstbohrer Ø 20 mm, Akkubohrschrauber, 5-mm-Holzbohrer, Schraubenzieher (als Eindrehhilfe)

FÜR EINSTEIGER

1 Mit grobem Schleifpapier (Korn 80) wird der Ast von Flechten, Moosen und Schmutz befreit, nachdem er auf die gewünschte Länge zugesägt wurde.

2 In einer Linie werden jetzt die Bohrpositionen für die Aufhängung der Windlichter und für die Ringösen in gleichen Abständen mit Bleistift markiert.

3 Mit einem 20-Millimeter-Kunstbohrer (Forstnerbohrer ohne durchgehende Außenschneide) werden jetzt die Löcher für die Taue gebohrt.

4 Anschließend wird der geschliffene Ast mit Holzwachs gegen Feuchtigkeit geschützt. Trotzdem sollte er idealerweise überdacht hängen.

5 Für die 5-mm-Ringösen, an denen der Ast später hängt, werden 4-mm-Löcher vorgebohrt und die Ösen eingedreht – ein Schraubenzieher als Hebel hilft.

6 Zum Aufhängen brauchen die Gläser einen überstehenden Rand. Das Tau herumlegen und so oft durchstecken, bis sich die Enden gegenüberliegen.

7 Beide Tauenden nun durch die jeweiligen Bohrungen fädeln und über dem Ast mit einem Achtknoten sichern (siehe Schritt 9).

8 Für die Aufhängung des Astes wird das gleiche Tau verwendet wie für die Gläser. Es wird mit einem Palstek (siehe Schritt 10 und 11) befestigt.

9 Der Achtknoten hat den Namen von seinem Aussehen. Er ist nichts weiter als ein gewöhnlicher Knoten, der einmal mehr ums Tau geschlungen wird.

10 So wird der Palstek gemacht: Ein Tauende durch eine Schlinge führen, sodass eine neue Schlinge entsteht (die führt durch unsere Öse).

11 Nun wird das Tauende um das lange, untenliegende Taustück geführt und durch die erste Schlaufe zurückgesteckt – fertig ist der Palstek.

12 Zuletzt große Teelichter in die Gläser stellen und mit etwas Wachs auf dem gewölbten Boden fixieren, damit sie bei Wind nicht verrutschen.

FÜR EINSTEIGER 47

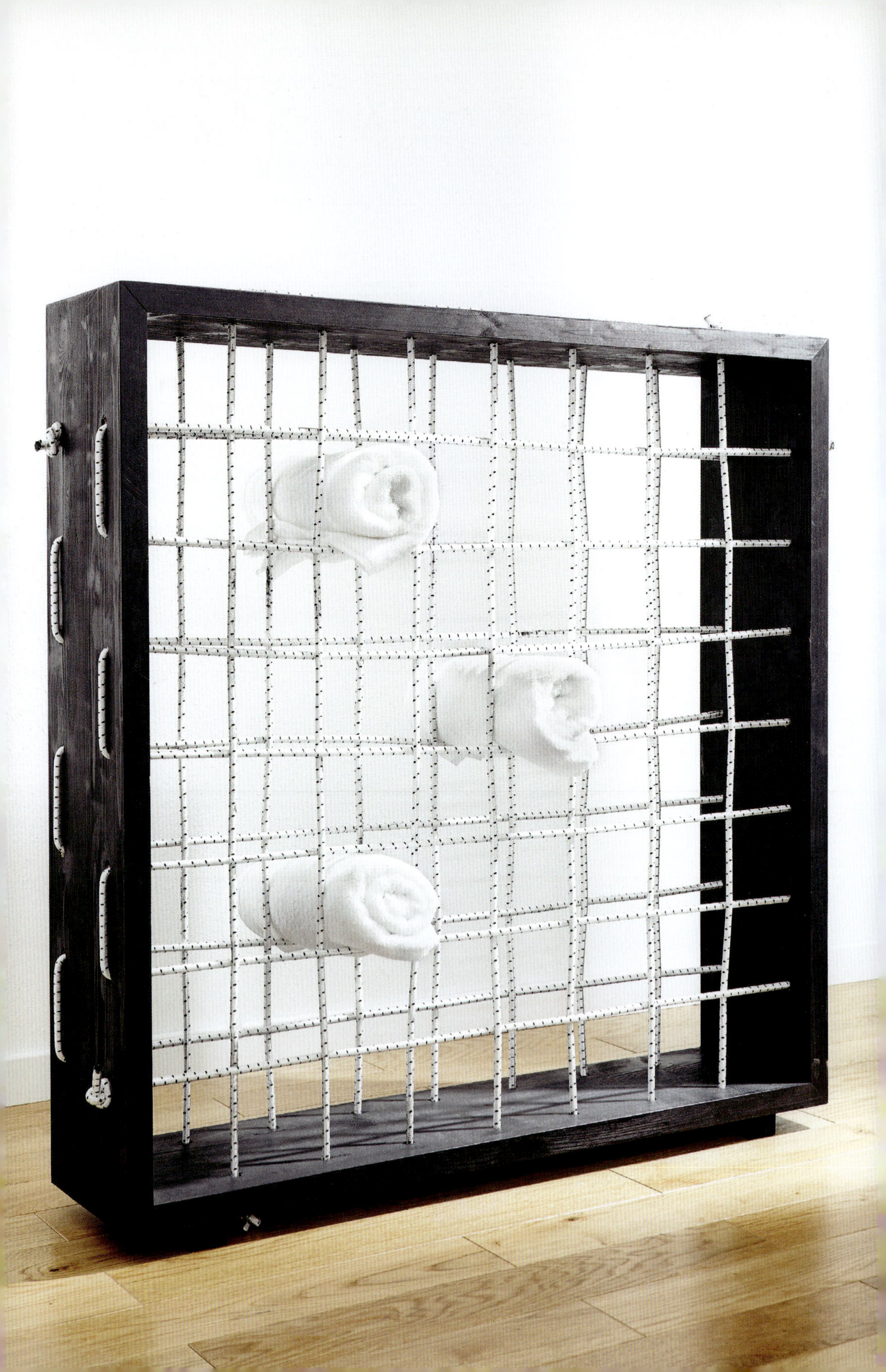

ABLAGE IM QUADRAT

Dieses quadratische Möbel ist nicht nur praktisch, weil es für die unterschiedlichsten Zwecke verwendbar ist, es ist auch kreativ. Passt es doch durch seine geometrische Grundform in fast jede Einrichtung. Dabei spielt es keine Rolle, ob Sie Zeitungen oder Handtücher zwischen die gespannten Gummiseile stecken, diese Ablage sieht immer ordentlich aus und das nach nur zwei Tagen Bauzeit – perfekt!

Vier dicke Bretter und etwa 22 Meter Gummiseil sind die wichtigsten Bestandteile dieses zeitlosen Regals. Anstatt einzelner Böden bietet es 64 quadratische Fächer aus Gummiseil für alle Dinge, die länger sind als der Abstand zwischen den vorderen und hinteren Seilquadraten. Das kann die Wochenzeitung oder ein Sortiment Saunatücher sein, auch Abschnitte zum Beispiel von Abflussrohren lassen sich zwischen die Gummischnüre stecken, um Kleinteile unterzubringen. Aber letztlich beweist das nur die Vielseitigkeit dieses besonderen Regals – die Verwendung der Ablagefächer bleibt jedem selbst überlassen.

Gebaut wird die »Quadrat-Ablage« aus starkem Leimholz. Die Eckverbindungen sind 45°-Gehrungen, wobei die kurze Innenseite 80 cm lang sein soll. So lassen sich 8 x 8 Quadrate, zu je 10 x 10 Zentimeter, aus Gummiseil spannen.

Wenn Ihnen das Schwarz-Weiß-Design zu trist ist, so können Sie das Modell natürlich farbig gestalten. Im Internet bekommen Sie das Gummiseil als Meterware auch in anderen Farben.

MATERIALLISTE

- ☐ 4 Leimholzzuschnitte, 2,6 x 20,0 x 85,5 cm (lange Gehrungsseite)
- ☐ 8 Holzdübel, Ø 8 mm 2
- ☐ Lacklasur, schwarz
- ☐ 5 lfd. M. Gummiseil, Ø 8,0 mm
- ☐ Zollstock, Bleistift, Akkubohrschrauber, 9-mm-Holzbohrer, 6-mm-Holzbohrer, Holzdübel Ø 6 mm, Schleifpapier Korn 120, Schleifkork, Holzleim, 2 Spanngurte, mind. 4,0 m, 1 Kreuzschlitz-Bit PZ2

1 Der erste Schritt ist das Anzeichnen der Bohrlöcher für das Gummiseil. Sie müssen genau gleiche Abstände haben und sich exakt gegenüberliegen.

2 Die Löcher fürs 8-mm-Gummiseil werden mit einem 9-mm-Bohrer gebohrt. Dabei werden je zwei sich gegenüberliegende Bretter zusammengespannt.

FÜR EINSTEIGER

3 Für die Gehrungsverbindungen zuerst auf einer Seite die Dübellöcher bohren und dann die Position mit Dübelmarkern auf die Gegenseite übertragen.

4 Sind alle Dübellöcher gebohrt, werden die Holzdübel mit einem Tropfen Leim hineingesteckt und mit einem kleinen Hammer sachte hineingetrieben.

5 Neben der Dübelverbindung wird jede Ecke zusätzlich verleimt. So erreicht man eine sehr stabile Verbindung, die der Seilspannung widersteht.

6 Zum Einspannen der frischen Leim-Dübel-Verbindungen hilft man sich mit langen, möglichst strammgespannten Spanngurten – Winkel prüfen!

7 Sobald der Leim abgebunden hat, werden die Kanten mit Schleifpapier (Korn 120) gebrochen und die Flächen leicht übergeschliffen.

8 An der späteren Unterseite werden zwei Leistenabschnitte als Möbelfüße angeschraubt, damit das Regal nicht auf den Gummiseilen steht.

9 Mit einer Lacklasur (deckend, aber die Holzmaserung erhaltend) wird der Rahmen an allen Seiten zweimal schwarz gestrichen.

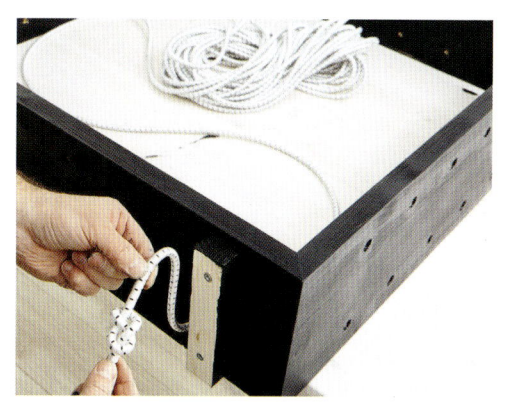

10 Das Einfädeln des Gummiseils beginnt an einem äußeren Loch an der Unterseite. Das Seil mit einem Achtknoten sichern (s. Seite 47).

11 Wie bei einem Gewebe wird die zweite Gummiseil-Lage abwechselnd über und unter der ersten Lage durchgezogen.

12 Der jeweils letzte Achtknoten jedes Seils wird unter kräftigem Zug geknotet. Mit einem Helfer geht das deutlich einfacher als allein.

» TIPP

Manchmal kommt es auf ganz exakte Bohrtiefen an. Das ist zum Beispiel hier der Fall, wo Sie in eine Gehrung Löcher für Holzdübel bohren müssen. Bohren Sie nicht tief genug, wird der Dübel zu lang sein und die Verbindung nicht zusammenpassen. Bohren Sie zu tief, kommt der Bohrer auf der Gegenseite wieder raus. Um die Bohrtiefe kontrollieren zu können, können Sie sich spezielle Bohrtiefenbegrenzer kaufen, die auf den Bohrer mit einer Klemmschraube festgesetzt werden. Oder Sie wickeln schnell und kostengünstig einen Streifen Klebeband im gewünschten Abstand zur Bohrerspitze um den Bohrer. So wird der Bohrer zwar nicht gestoppt, aber Sie sehen sehr gut, wann die richtige Bohrtiefe erreicht ist und Sie aufhören müssen.

FÜR EINSTEIGER

PALETTEN-REGAL

Ausgediente Transportpaletten sind die Stars unter den Upcycling-Projekten, denn sie lassen sich mit wenig Aufwand in die verschiedensten Möbel verwandeln. Für dieses Wandregal aus einer Europalette braucht man nur einen halben Tag Zeit und ein zusätzliches Brett, um ihr einen wohnlichen Look und eine neue Funktion zu geben. Der Clou ist die Front zum Beschriften.

1 Um die sichtbaren Oberflächen zu glätten und Splitter zu entfernen, wird die Palette als Erstes mit Schleifpapier (Korn 100) gründlich geschliffen. Am besten mit einem elektrischen Schwingschleifgerät.

2 Jede Europalette sieht gleich aus: Die Nutzfläche besteht aus drei breiten und zwei schmalen Brettern. Die schmalen werden mit einem »Kuhfuß« so abgehebelt, dass sie nicht reißen oder brechen.

3 Von der Rückseite werden die Nägel jetzt mit einem Hammer aus den beiden Brettern geschlagen und dann mit dem Kuhfuß endgültig herausgezogen. Ein Stück Holz schützt dabei die geschliffene Seite.

4 Durch die alten Nagellöcher werden jetzt die beiden Palettenbretter als Regalboden seitlich an die »Palettenfüße« geschraubt. Für die unteren Fächer brauchen Sie ein zusätzliches Brett.

5 Alle Sichtseiten werden mit einer wasserlöslichen Lacklasur weiß gestrichen. Die Fronten werden zweimal mit Tafellack beschichtet. Mit einer Lackwalze geht das randscharf ohne abzukleben.

MATERIALLISTE

- ☐ 1 Europalette, Format Euro 1, 14,4 x 80,0 x 120,0 cm
- ☐ 1 Nadelholzbrett 2,0 x 10,0 x 120,0 cm
- ☐ Schleifpapier Korn 100
- ☐ Schwingschleifer
- ☐ Kuhfuß
- ☐ Hammer (mind. 300 g)
- ☐ ca. 30 Schrauben, 4 x 40 mm
- ☐ Lacklasur, weiß
- ☐ Tafellack, schwarz
- ☐ Akkubohrschrauber, Lasurpinsel und Lackwalze

FÜR EINSTEIGER

STÄBCHEN-GARDEROBE

Diese Garderobe ist kein jackenbehängtes Ungetüm und auch kein großartiges Designobjekt, sie besticht durch eine sehr zurückhaltende Gestaltung und bietet dennoch bei Bedarf viel Platz für Jacke, Schal und Schirm. Wer noch mehr Platz braucht, baut diese Garderobe einfach länger oder höher. So lässt sie sich jedem Raum anpassen, und wenn man sie nicht braucht, fällt sie kaum auf.

1 Nachdem die Leisten an einem Ende im 10°-Winkel abgeschrägt und Sacklöcher für 8-mm-Dübel gebohrt wurden, werden die Kanten gebrochen und die Hinterkante der Schräge rund geschliffen.

2 Für den Drehpunkt wird jede Leiste exakt 10 cm von der Unterkante, seitlich und genau in der Mitte senkrecht mit 9 mm Durchmesser durchbohrt. Tipp: Mehrere Leisten bündig zusammenspannen.

3 Als Kleiderhaken werden in die oberen Bohrungen Holzdübel (ø 8 mm) eingeleimt. Dafür an ein Ende des Dübels einen Leimtropfen geben und ihn mit einem kleinen Hammer sachte in die Bohrung schlagen.

4 Nachdem alle Leisten lasiert wurden, werden sie auf eine, auf Maß gesägte, 8-mm-Gewindestange gesteckt. Dabei je eine Unterlegscheibe zwischen die Leisten legen. Die Enden sichern M8-Hutmuttern.

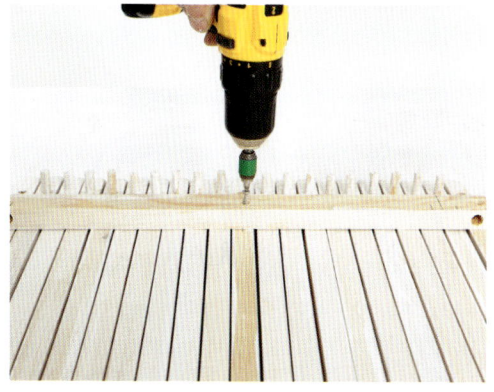

5 Rückseitig wird je eine Querleiste oben und unten (über dem Drehpunkt) an den äußeren und der mittleren Leiste festgeschraubt. Die obere Leiste bekommt vorher zwei Sacklöcher für die Wandhaken.

MATERIALLISTE

- ☐ 21 Kiefernleisten, 1,8 x 3,0 x 64,0 cm
- ☐ 2 Kiefernleisten, 1,8 x 3,0 x 42,5 cm
- ☐ 18 Rundhölzer, Ø 0,8, Länge 3,0 cm
- ☐ Lacklasur, weiß
- ☐ 1 Gewindestange, M8, 44,0 cm
- ☐ 2 Kunststoff-Unterlegscheiben, 8,4 x 16,0 mm
- ☐ 19 Metall-Unterlegschei. 8,4 x 16,0 mm
- ☐ 2 Hutmuttern, M8
- ☐ 6 Holzschrauben, 4 x 35 mm
- ☐ Akkubohrschrauber, 8-mm-Holzbohrer, 9-mm-Holzbohrer, Metermaß, Bleistift, Hammer, Kreuzschlitz-Bit

FÜR FORTGESCHRITTENE

FLASCHENSCHALE

Aus purem Zement und doch fast schon filigran ist diese Schale, die sich als Lagerplatz für Weinflaschen geradezu anbietet. Genauso gut können Sie darin aber auch Büroutensilien oder Schmuck ablegen. Bei der Herstellung geht es anfangs zwar etwas staubig zu, und Sie sollten Ihre Haut durch Handschuhe schützen, aber in einer Stunde sind Sie mit einer Schale fertig – die dann nur noch ausführlich trocknen muss.

1 Nach dem Fixieren der Form aus zwei 100-mm-Rohren und zwei Dachlatten auf einem Brett wird der pastöse Zement ca. 1 cm dick auf der Folie verteilt und ein passendes Armierungsgewebe aufgelegt.

2 Jetzt wird mit der Maurerkelle eine zweite, genauso dicke Schicht Zement aufgetragen und alles auf eine gleichmäßige Dicke verteilt. Dabei darf das Gewebe nicht mehr sichtbar sein.

3 Der überstehende Zement wird an den Rändern mit der Kellenseite abgetrennt und entfernt. So entsteht das endgültige Format, das etwas größer ist als das Armierungsgewebe.

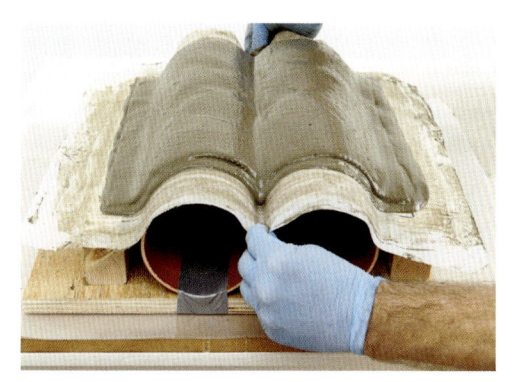

4 Das Ganze wird jetzt mit der Folie auf die Form aus Rohren und Leisten gelegt (sie sind länger als das Schalenformat). Zuvor die Mitte markieren und die Folie hier herunterziehen.

5 Nach mindestens einer Woche Trockenzeit kann man die Schale von der Form nehmen und die Folie abziehen. Die Ränder werden abschließend mit Schleifpapier (Korn 120) geglättet.

MATERIALLISTE

- ☐ Zement, (5-kg-Beutel)
- ☐ Gummihandschuhe
- ☐ Mischeimer
- ☐ kleine Maurerkelle
- ☐ Holzplatte, 50 x 50 cm
- ☐ 2 Abschnitte 100-mm-Abflussrohr, mind. 40 cm lang
- ☐ 2 Abschnitte Dachlatte, mind. 40 cm lang
- ☐ Armierungsgewebe für Putz 30 x 30 cm
- ☐ Folie, ca. 30 x 30 cm
- ☐ Schleifpapier Korn 120, Schleifklotz

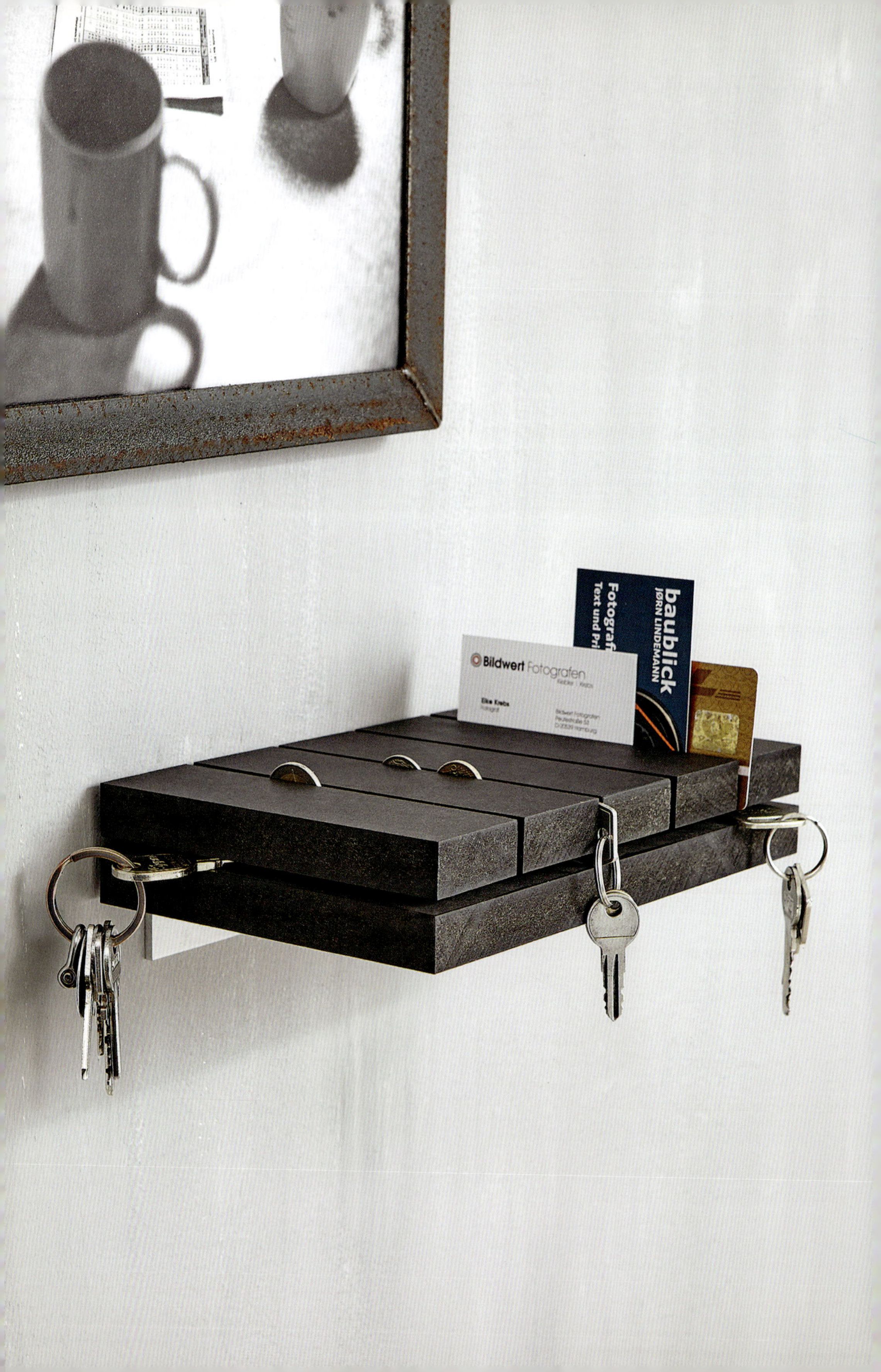

Bildwert Fotografen
baublick
JØRN LINDEMANN

SCHLÜSSELBORD

Schlüssel sind die wahrscheinlich am häufigsten gesuchten Gegenstände im Haus. Da hilft nur ein fester Aufbewahrungsort in der Nähe der Ausgangstür. Möglichst dort, wo auch Einkaufswagenchips, Visitenkarten und Parkmünzen ihren Platz finden. Das Problem können Sie mit ein paar Sägeschnitten, einigen Bohrungen und etwas Klebstoff in kürzester Zeit lösen – mit diesem schön schlichten und zweckmäßigen Schlüsselbord.

Schlüssel führen meist ein unbeachtetes Dasein, denn wir denken nur an sie, wenn wir sie brauchen und wir haben sie halt dabei. Kommt man nach Hause, werden Schlüssel achtlos auf den Tisch gelegt und man denkt nicht mehr an sie. Genauso geht es Münzen aus der Hosentasche oder wenig benutzten Kundenkarten. Sie alle brauchen einen festen Platz, wo sie gleich nach dem Heimkommen oder vorm Verlassen des Hauses griffbereit liegen können. Dieses Schlüsselbord ist so ein Platz für die wichtigsten Alltagsutensilien.

Die Bauweise des Schlüsselbords ist sehr simpel, und Sie brauchen dafür nur ein bis zwei Stunden Zeit. Interessant ist das Material, aus dem es gebaut wird. Es ist mitteldichte Faserplatte, sogenanntes MDF, das im Möbelbau schon lange Standard ist. Diese MDF-Platte ist jedoch schwarz durchgefärbt. Das bedeutet, beim Sägen der schwarzen Platten bleiben die Sägekanten schwarz, sodass sie später keine extra Behandlung brauchen. Das beschleunigt das Bauen enorm.

Allerdings entstehen durch schwarzes MDF auch schwarze Sägespäne und schwarzer Schleifstaub. Deshalb sollte man zumindest das Schleifen möglichst nach draußen verlegen oder mit einem guten Staubsauger den Schleifstaub sofort absaugen. Besonders beim Arbeiten mit elektrischen Schleifmaschinen ist das sehr ratsam – sonst sieht der Arbeitsraum schnell aus wie nach einem Ascheregen. Auch wenn sich der feine Staub gut wegsaugen lässt, er sitzt doch in jeder Fuge.

Die schmalen Streifen auf der Oberseite des Schlüsselbords müssen Sie selbst zusägen, da so kleine Formate auf der Plattensäge im Handel nicht gesägt werden dürfen. Dasselbe gilt für die 4 Millimeter dicke Hartfaser-Zwischenlage. Hiervon müssen Sie deswegen mehr kaufen als benötigt. Eine gute Idee ist es, immer in die Restekiste zu schauen, ob sich da nicht zufällig ein passendes Abfallstück findet – das gibt es dann oft umsonst oder für sehr kleines Geld. Die Aufhängung mit einem 4 mm dicken Aluminiumwinkel ist fast unsichtbar. Das benötigte Alu-Profil bekommen Sie in einigen Baumärkten im Zuschnitt, sonst müssen Sie auch hiervon mehr als benötigt kaufen und den Rest für spätere Projekte aufbewahren. Noch ein Tipp: Die Bohrungen für die Wandbefestigung sollten mit einem »Aufreiber« kegelförmig erweitert werden, damit die Senkköpfe der Schrauben bündig mit dem Winkel abschließen.

MATERIALLISTE

- 1 MDF-Platte, schwarz, 1,9 x 15,0 x 24,3 cm (inkl. 2 mm Sägeschnitt)
- 1 Hartfaserplatte, 0,4 x 7,5 x 19,0 cm
- 1 MDF-Platte, schwarz, 1,9 x 15,0 x 25,0 cm
- 2 »Rampa-Muffen«, M6, Ø 10 mm
- 1 Aluminium-Winkelprofil, 0,4 x 5,0 x 5,0 x 19,0 cm
- 2 Wanddübel, 8 mm
- 2 Montageschrauben, 5 x 50 mm mit Panhead-Kopf
- 2 Zylinderkopfschrauben, M6, 25 mm
- 2 Unterlegscheiben, 6,9 x 12 mm
- Winkel, Bleistift, Metermaß, Feinsäge, Akkubohrschrauber, Bohrhammer, Schleifkork, Schleifpapier Korn 120, weißer Lack, Pinsel, 6-mm-Metallbohrer, 10-mm-Holzbohrer, 2-K-Epoxidkleber, Kreuzschlitz- und Inbus-Schraubenzieher

FÜR FORTGESCHRITTENE

1 Die MDF-Platte, die wegen der vorgesehenen Schlitze im Maß kürzer ist, wird in fünf gleich breite Streifen unterteilt und mit der Feinsäge aufgetrennt.

2 Mit Schleifklotz und Schleifpapier (Korn 120) werden die Kanten der zugesägten Abschnitte ganz leicht gebrochen (abgerundet).

3 Auch wenn man sie höchstens mal hervorblitzen sieht, wird die Kante der einseitig weiß beschichteten Hartfaserplatte weiß lackiert.

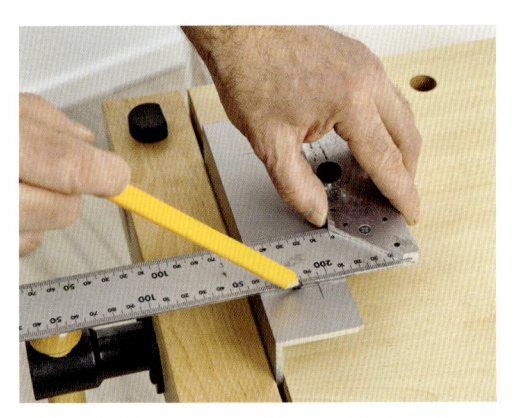

4 Etwa 1,5 Zentimeter vom Rand entfernt markiert man mit Bleistift zwei Bohrpositionen für die Verbindung von Winkel und Schlüsselbord.

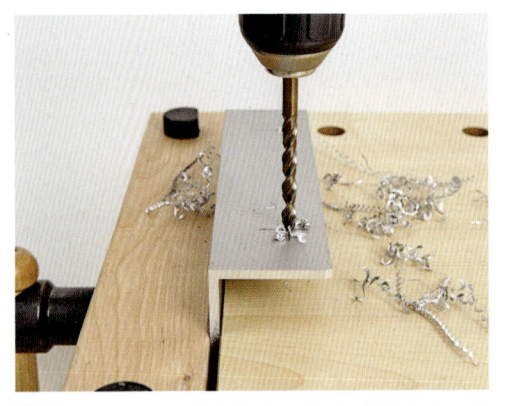

5 Mit einem 6-mm-Metallbohrer (z. B. »HSS-Bohrer«) werden die Löcher gebohrt. Dasselbe geschieht am zweiten Schenkel 1,5 cm von der Ecke entfernt.

6 Die Bohrlöcher auf die untere MDF-Platte übertragen und 10-mm-Löcher durchbohren. Ein untergehaltenes Holz verhindert, dass das Bohrloch ausbricht.

FÜR FORTGESCHRITTENE

7 In die Bohrungen werden sogenannte Rampa-Muffen eingeschraubt (Größe M6). Sie haben außen ein Holzschrauben-, innen ein metrisches Gewinde.

8 Die zugeschnittenen Bauteile werden jetzt nur noch geklebt. Dafür mischt man handelsüblichen 2-Komponenten-Epoxidkleber im Verhältnis 1:1 an.

9 Erst wird der Hartfaserstreifen auf die Grundplatte geklebt (Platz für Winkel lassen). Dann folgen die MDF-Streifen – der Winkel sorgt für gleiche Abstände.

10 Wenn der Kleber fest ist, wird das Schlüsselbord an allen Seiten mit einem Holzöl behandelt. Jetzt bekommt es seine tiefschwarze Farbe.

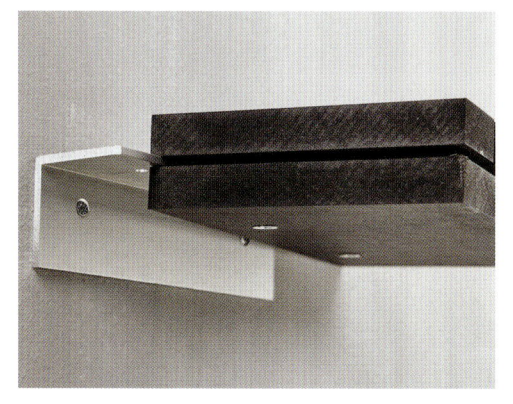

11 Jetzt den Winkel an die Wand dübeln (Schraubenköpfe bündig), dann das Bord aufstecken – Winkelbohrungen und Muffen deckungsgleich.

12 Zum Schluss das Bord mit zwei Zylinderkopfschrauben und zwei Unterlegscheiben sichern. Die Schrauben fassen in die Winkelbohrungen.

FÜR FORTGESCHRITTENE

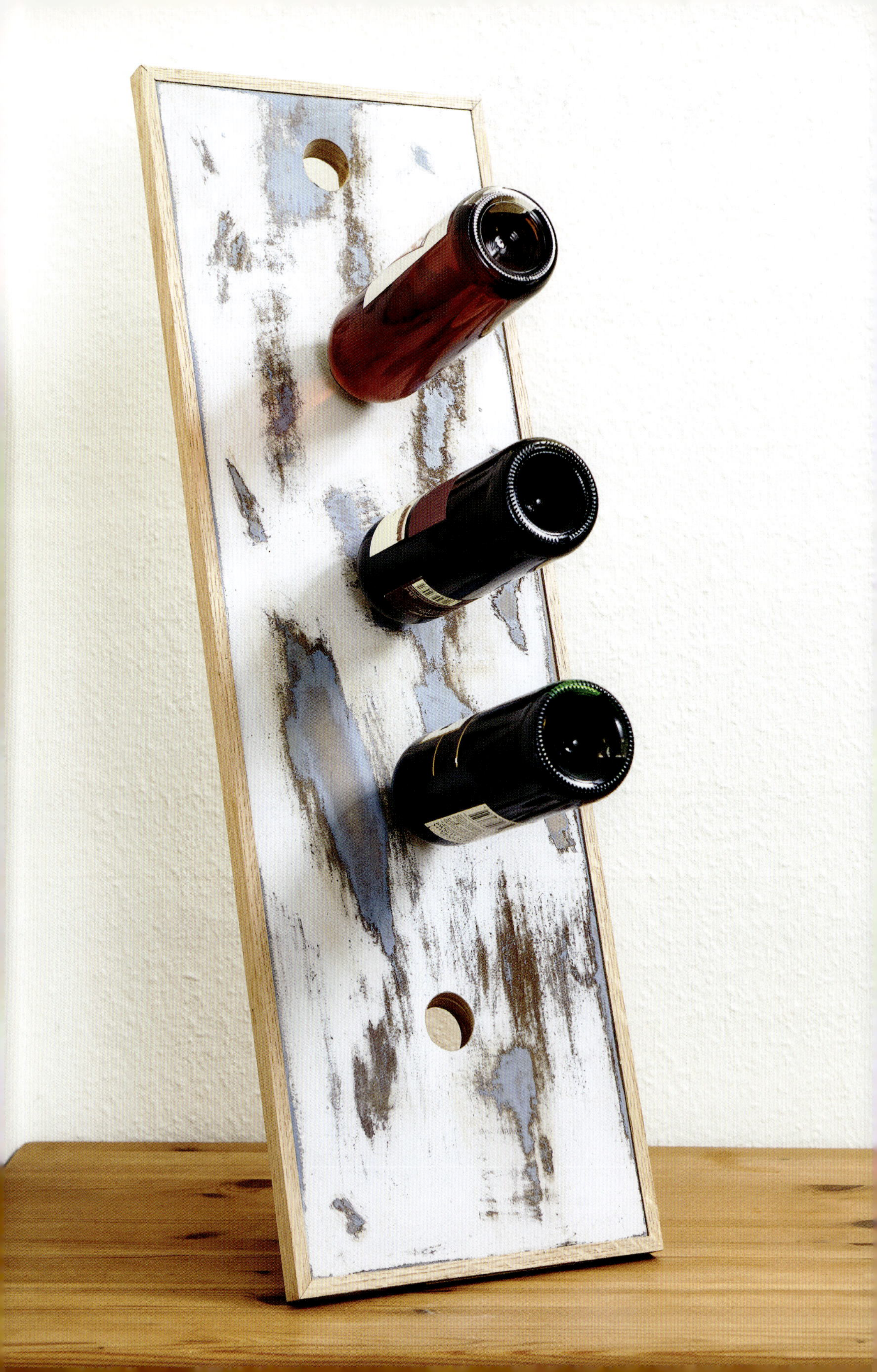

WEINPLANKE

Mit einem kleinen Weinvorrat zu Hause sind Sie immer gut auf überraschende Besuche vorbereitet. Nur wohin mit den paar Flaschen die, mit Naturkork verschlossen, möglichst liegend aufbewahrt werden sollen? Mit dieser »Weinplanke« haben Sie immer einen gut gelagerten Wein im Haus. Im Shabby-Chic-Stil durch eine Maltechnik, die auch in der modernen Bauernmalerei zu finden ist, wird die »Weinplanke« garantiert zum Hingucker in Ihrer Küche.

Das Geheimnis hinter dem Look dieser »Weinplanke« liegt in drei Schichten Farbe und dem Mut, sein eigenes Werk teilweise wieder zu zerstören. Durch mehr oder weniger Schleifen wird der Lack, den Sie zuvor mehrfach aufgetragen haben, in Teilen wieder entfernt. So ahmen Sie die Spuren nach, die sonst nur Jahre und Jahrzehnte des Gebrauchs hinterlassen.

Das ist nicht schwierig, etwas mehr Konzentration und Sorgfalt erfordert es, die großen, schrägen Bohrungen durch das Brett zu treiben. Sie sollen alle denselben Winkel haben, damit die Flaschen später schön gleichmäßig übereinander in den Öffnungen klemmen. Hier wird es mit einer günstigen, selbst gebauten Bohrlehre gezeigt. Für die komfortablere Alternative gibt es einen Tipp auf Seite 65. Die Planke ist eine einfache MDF-Platte (Mitteldichte Faserplatte), deren Kanten sehr saugfähig und daher nur mit Vorbehandlung zu lackieren sind. Deswegen bekommt die Planke einen Anleimer aus einer Eichenleiste – was sie noch wertiger macht.

MATERIALLISTE

- ☐ 1 MDF-Platte, 1,8 x 25,0 x 80,0 cm
- ☐ 1 MDF-Platte, 1,8 x 20,0 x 60,0 cm
- ☐ Lack in Graublau, Braun, Hellgrau
- ☐ 2 Eichenleisten, 1,0 x 2,0 x 27,0 cm
- ☐ 2 Eichenleisten, 1,0 x 2,0 x 82,0 cm
- ☐ Pinsel, Schwingschleifer, Schleifpapier Korn 180 und Korn 120, Schleifkork, Geo-Dreieck, Bleistift, Metermaß, Holzleim, Winkel, Feinsäge, Stichsäge, Schneidlade, Forstnerbohrer, Ø 30 mm, Akkubohrschrauber, Paketklebeband

1 Der Anfang ist zeitaufwendig: Die Fläche wird dreimal lackiert. In der Reihenfolge heller, dunkler, heller Farbton. Jedes Mal zwischenschleifen (Korn 180).

2 Wenn auch die letzte Lackschicht durchgetrocknet ist, wird die Fläche mit 120er Schleifkorn partiell durchgeschliffen, teils auch bis auf das Holz.

FÜR FORTGESCHRITTENE

3 Für die Anleimer die Eichenleisten im 45°-Winkel zusägen. Dabei entsprechen die kurzen Leistenseiten den jeweiligen Außenmaßen der »Planke«.

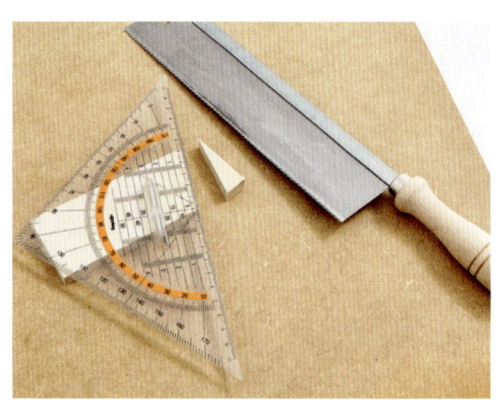

4 Um die schrägen Löcher für die Flaschenhälse zu bohren, wird eine Bohrlehre aus zwei Sperrholzbrettchen gebaut. Der Winkel beträgt 20 Grad.

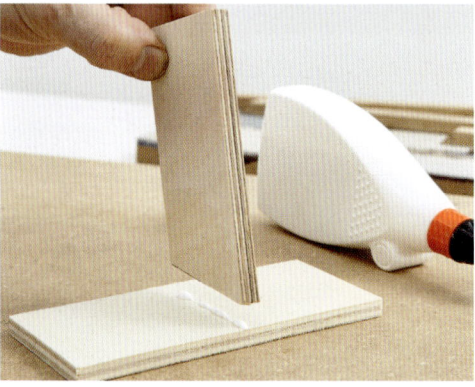

5 Mit Expressholzleim oder einem anderen, schnell abbindenden Kleber wird die Lehre randbündig auf das Grundbrettchen geleimt.

6 Mit einem 30-mm-Forstnerbohrer (fast durchgehende Außenschneide) wird jedes Loch zunächst etwa 2–3 mm tief senkrecht angebohrt.

7 Jetzt schwenkt man den Bohrer langsam, bis er parallel zur Bohrlehre steht, und bohrt durch – ein untergelegtes Brett verhindert, dass das MDF ausbricht.

8 Auf jede Anleimerleiste wird an den Gehrungen und der langen Leimseite eine Spur Holzleim aufgetragen und die Leisten werden angesetzt.

9 Klemmzwingen und/oder stramm gespanntes Paketklebeband pressen die Anleimer an die Planke, bis der Leim abgebunden hat.

10 Damit die »Weinplanke« richtig steht, wird auf einer weiteren MDF-Platte ein Keil mit einem Winkel von 18 Grad angezeichnet.

11 Den Winkel sehr sorgfältig absägen, damit der Sägeschnitt wirklich gerade wird. Am besten langsam mit der Stichsäge ohne »Pendelhub« sägen.

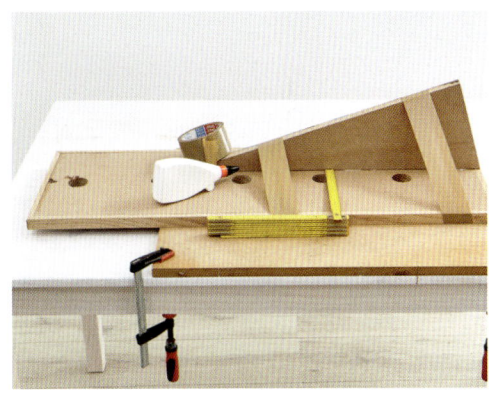

12 Den Winkel mit Holzleim knapp neben die Bohrungen leimen und mit Klebeband anpressen. Noch standfester wird es mit zwei Stützen.

» TIPP

Es ist nicht ganz einfach, beim Bohren aus der freien Hand einen bestimmten Winkel ganz exakt einzuhalten oder auch nur hundertprozentig senkrecht zu einer Fläche zu bohren. Sie können einen Helfer verwenden, der den Winkel anhand eines Winkellineals oder einer Winkellehre kontrolliert, oder Sie greifen zu einem mobilen Bohrständer. Im Werkzeug-Zubehörhandel bekommen Sie so einen Bohrständer für den Hausgebrauch. Das ist vollkommen ausreichend, um in einem gleichbleibenden Winkel zu bohren. Vorm Kauf sollten Sie aber prüfen, ob eine passende Bohrmaschine zur Ausrüstung gehört. Die Halterung braucht einen »Hals« an der Maschine, den z. B. viele Akkubohrer gar nicht mehr haben.

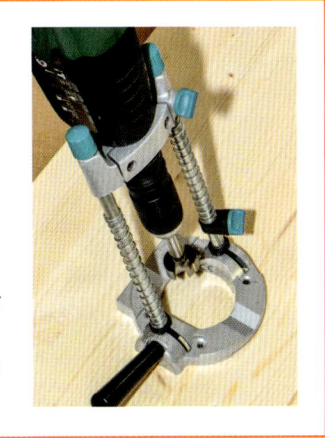

FÜR FORTGESCHRITTENE

3-TEILE-HOCKER

Ein Hocker als Sitzgelegenheit ist oft gefragt, aber auch als Beistelltisch oder Blumensäule macht er eine gute Figur. Da dieser Hocker aus nur drei Teilen besteht, ist es fast ein Kinderspiel, ihn nachzubauen. Trotzdem ist der Bau nicht ganz unkompliziert, denn die Steckverbindungen zwischen den Hockerfüßen müssen sehr genau ausgesägt werden. Wer sich damit aber etwas Zeit lässt, hat den Hocker schon fast fertig.

1 In zwei Platten von der Mitte aus einen Schlitz sägen. Jeder Schlitz reicht wiederum genau bis zur Mitte der Platte. Kanten schleifen.

2 In die Unterseite der Sitzfläche werden Holzdübel geleimt, nachdem die Position von vier Bohrungen vom Gestell mit Dübelmarkern übertragen wurde.

3 Mit einer Spur Holzleim auf der Oberseite der beiden Gestellplatten und je einem Tropfen Leim an jedem Holzdübel wird die Sitzfläche aufgeleimt.

4 Mit einem 25-mm-Kunstbohrer (ein Forstnerbohrer geht auch) wird in jeder Gestellecke immer mit dem gleichen Abstand ein Griffloch gebohrt.

5 Mit einem pigmentierten Holzöl wird die Oberfläche schmutzunempfindlicher gemacht. MDF saugt stark und die Pinselstriche bleiben bewusst sichtbar.

MATERIALLISTE

- 3 MDF-Platten, 1,8 x 40,0 x 40,0 cm
- Holzöl, pigmentiert
- Zollstock, Bleistift, Stichsäge, Schreinerwinkel, Geo-Dreieck, Schleifpapier Korn 120, Schleifkork, Dübelmarker Ø 6 mm, 6-mm-Holzbohrer, 4 Holzdübel Ø 6 mm, Holzleim, Gummihammer, Lasurpinsel, Akkubohrschrauber, 25-mm-Kunstbohrer

FÜR FORTGESCHRITTENE

MODUL-REGAL

Ein zeitloses Regal aus Würfeln ist perfekt, um es seinen Einrichtungsvorstellungen anzupassen. Die Würfelmodule haben alle dieselbe Kantenlänge von 40 cm, damit man sie in Größe und äußerer Form frei zusammenstellen kann. Aus schwarz durchgefärbten MDF-Platten aus dem Baumarkt und mit ganz einfachen Zinkenverbindungen gebaut, lässt sich damit fast jeder Storage-Wunsch erfüllen.

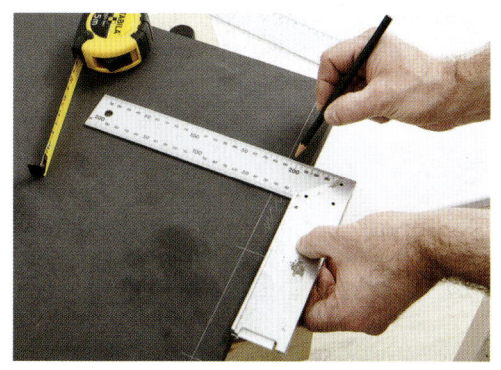

1 Die Platten lassen Sie sich im Baumarkt gleich auf 40 x 40 cm zuschneiden. Dann zeichnen Sie zuerst an je zwei gegenüberliegenden Seiten vier 10 cm breite und 2 cm tiefe Zinken (Materialstärke) an.

2 Mit der Stichsäge jetzt sorgfältig erst die senkrechten Schnitte der Zinken sägen. Dann von der Mitte zu den Ecken den Rest ausschneiden. Es liegen sich immer »Zahn« und »Lücke« gegenüber.

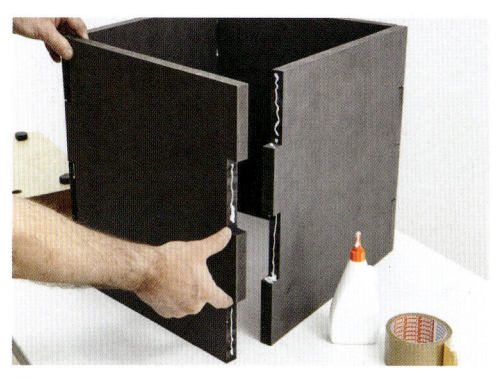

3 Alle Flanken der Zinken, die sich berühren, bekommen einseitig eine Spur Holzleim aufgetragen. Dann die Zinkenverbindungen zusammenstecken. Dabei sollen sie stramm ineinander passen.

4 Mit Paketklebeband wird der frisch verleimte Würfel stramm umwickelt, um die Leimstellen bis zum Abbinden zusammenzupressen. Dabei den rechten Winkel der Eckverbindungen prüfen.

5 Zum Schluss mit Holzwachs oder -öl den Würfel schützen und ihm einen satten, schwarzen Ton geben. Tipp: Wenn Zinken nicht ganz genau passen, die Lücken vorher mit schwarzem Holzwachs füllen.

MATERIALLISTE

- 24 MDF-Platten, schwarz, 1,8 x 40,0 x 40,0 cm
- Bleistift
- Metermaß
- Stichsäge
- Holzleim
- Schreinerwinkel
- Holzwachs oder Holzöl, farblos
- Paketklebeband

FÜR FORTGESCHRITTENE

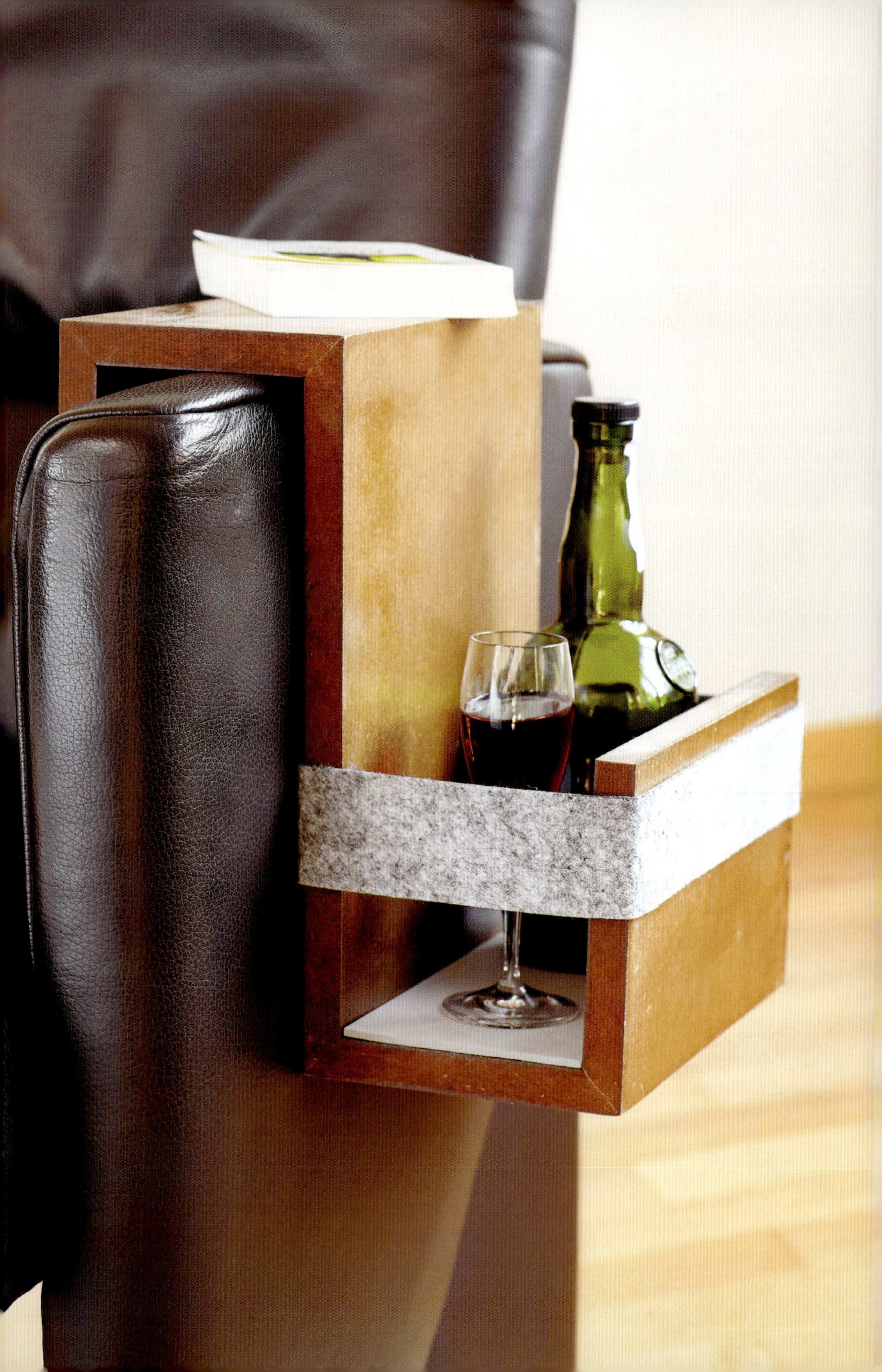

SESSELLEHNEN-TISCH

Im bequemen Sessel lässt es sich kaum entspannen ohne etwas zu lesen und ein Lieblingsgetränk. Doch wohin mit Buch, Brille, Becher und Kanne? Auf der Sessellehne kann man schlecht alles ausbalancieren. Doch mit dieser stilvollen Ablage haben Sie genug Platz, um alle wichtigen Entspannungsutensilien unterzubringen. Nur fünf Holzplatten und ein Stück Moosgummi: Das sind schon alle notwendigen Materialien für dieses praktische Möbel.

Es ist schlicht gemütlich, sich in seinen Lieblingssessel zu kuscheln und die Welt draußen bei einem guten Buch oder einem Glas Wein mal für einige Zeit zu vergessen. Nicht ohne Grund sind die Ohrensessel der Großeltern wieder so beliebt. Doch ein Problem haben diese Lieblingsplätze alle gemeinsam: Sie brauchen einen Tisch an ihrer Seite. Wo könnte man sonst das Weinglas abstellen oder das Brillenetui hinlegen? Eine sehr gute Lösung für dieses Problem ist eine kleine Tischfläche auf der Sessellehne. Dieses Modell hat auch noch eine Ablage an der Außenseite, die genug Platz für eine Flasche Wein oder den Literaturnachschub bietet. Im Prinzip ist das Nachbauen ganz einfach, vorausgesetzt, Sie lassen sich die fünf Platten schon beim Holzhändler oder im Baumarkt auf das richtige Maß zuschneiden und auch gleich an je zwei gegenüberliegenden Seiten eine 45-Grad-Gehrung sägen. Das Material ist MDF (Mitteldichte Faserplatte), die sich hervorragend verarbeiten lässt – nur beim Lackieren, sofern man das möchte, braucht es eine Vorbehandlung, die der Platte die Saugfähigkeit nimmt. Die sauber gesägten Gehrungen werden aus Stabilitätsgründen mit Leim und Holzdübeln verbunden. Sie sind später durch das Eigengewicht und die abgelegten Utensilien stark belastet.
Das Maß der oberen Ablageplatte wird durch die Breite der jeweiligen Sessellehne vorgegeben. Das in dieser Bauanleitung angegebene Breitenmaß für dieses Bauteil ist nur ein Beispiel.
Manche Sessel sind mit empfindlichem Polsterstoff bezogen. Um den Stoff zu schonen, wenn Sie die Ablage häufiger mal abnehmen, sollten Sie die Kanten des inneren Schenkels mit Schleifpapier gut abrunden, bevor Sie der fertig verleimten Ablage Farbe geben. Ein zugeschnittenes Stück Filz oder Moosgummi auf den Boden des Außenfachs geklebt, verhindert zum einen, dass die Erholung, etwa beim Abstellen eines Glases, durch ein hohles Aufsetzgeräusch gestört wird, und zum anderen bleiben die abgestellten Dinge an Ort und Stelle stehen, ohne zu verrutschen.
Die reine Bauzeit für diese Ablage beträgt nur etwa zwei Stunden und die Trockenzeiten für Leim und Farbe sind mit ungefähr einem Tag einzukalkulieren. Danach haben Sie sich aber Ihre Entspannung im Lieblingssessel redlich verdient.

MATERIALLISTE

- ☐ 2 MDF-Platten, 1,8 x 13,5 x 25,0 cm (Innenschenkel und Lehnenablage)
- ☐ 1 MDF-Platte, 1,8 x 25,0 x 31,5 cm (lange Außenseite)
- ☐ 2 MDF-Platten, 1,8 x 15,0 x 25,0 cm (Boden und Außenschenkel)
- ☐ 8 Holzdübel, 6 mm
- ☐ Moosgummi, 0,3 x 11,0 x 25,0 cm
- ☐ Lacköl
- ☐ Filzstreifen, 0,4 x 5,0 x 70,0 cm
- ☐ Bleistift, Zollstock, Akkubohrschrauber, Klebeband oder Bohrtiefenbegrenzer, 6-mm-Holzbohrer, 6-mm-Dübelmarker, Holzleim, Schreinerwinkel, Leimzwingen, Schleifpapier Korn 120, Pinsel, Schneidlineal oder Leiste, Cutter, Schaumstoffgeeigneter Klebstoff, Kontaktkleber

1 Für die Dübelverbindung die Positionen markieren. Etwa 1 cm entfernt von der Innenkante, damit die Bohrung tief genug wird, ohne durchzukommen.

2 Auf einer Seite jeder Gehrungsecke werden senkrecht zur Gehrungsfläche je zwei 6-mm-Sacklöcher gebohrt. Die Tiefe markiert ein Klebeband.

3 Jetzt steckt man passende, sogenannte Dübelmarker in die Bohrungen. Sie gibt es in allen üblichen Bohrerdurchmessern.

4 Nun die Gehrungsseiten bündig aneinanderlegen und »zusammenklappen«. Dabei drückt sich der Markierdorn des Dübelmarkers in die Gegenfläche.

5 Nachdem auch die Gegenseite an den Dornmarkierungen gebohrt wurde, werden die Dübel auf einer Seite mit Leim in die Bohrungen gesteckt.

6 Je nach Leim kann es notwendig sein, die stark saugenden MDF-Kanten einmal vorzuleimen, bevor man sie mit Leim und Dübeln endgültig verbindet.

7 Damit beim Zusammenpressen mit Leimzwingen der rechte Winkel erhalten bleibt, wird ein passend zugesägtes Stück Holzleiste dazwischengelegt.

8 Wenn der Leim endgültig abgebunden hat (nach 1 bis 2 Tagen), werden alle Kanten mit Schleifpapier gebrochen (Korn 120) und Leimreste weggeschliffen.

9 Die farbliche Gestaltung bleibt dem eigenen Geschmack überlassen. Hier wurde die Ablage mit einem Lacköl aus Tung- und Leinöl geschützt.

10 Abschließend ein Stück Moosgummi passend zuschneiden und mit schaumstoffverträglichem Kleber auf den Boden der Ablage kleben.

» TIPP

Das Ablagefach außen am Sessel hat man kaum im Blick, und es kann passieren, dass man ein Glas oder eine Flasche zu nahe an den Rand stellt, ohne es zu bemerken. Absturz und Bruch sind da fast vorprogrammiert. Eine »Reling« aus einem Streifen Filz hilft, das zu verhindern. Einfach einen fünf Zentimeter breiten Streifen aus 4-5 mm dickem Filz schneiden (über das Internet und in Bastelbedarfsläden) und mit Kontaktkleber bestreichen. Dann den Streifen in gewünschter Höhe um die Ablage legen, anstreichen, wieder abnehmen und sobald der Kleber berührungstrocken ist, endgültig ums Fach kleben, dabei möglichst viel Druck auf die Klebestellen ausüben.

FÜR FORTGESCHRITTENE

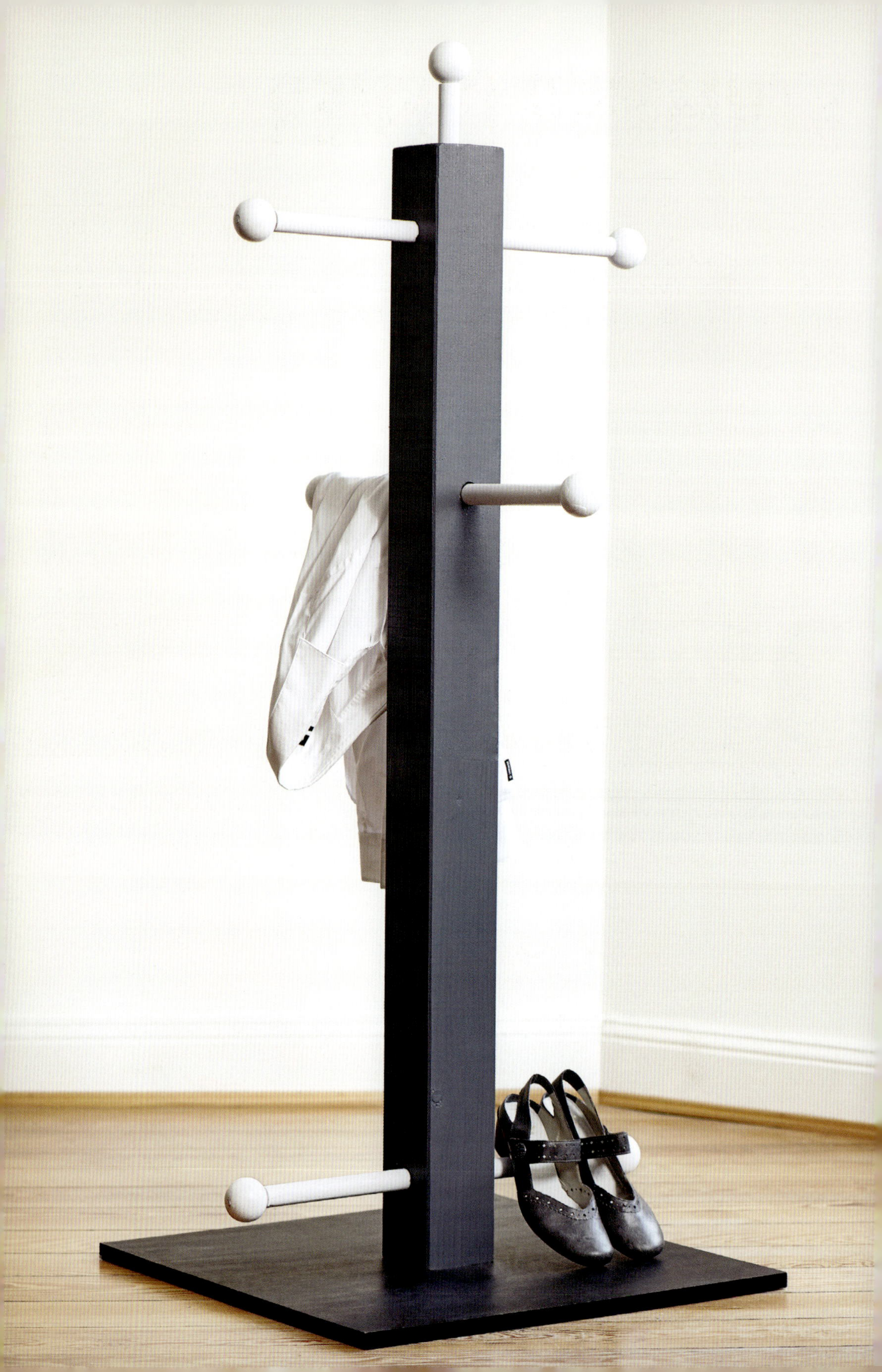

STUMMER DIENER

Der »stumme Diener« trägt seinen Namen zu Recht, denn er nimmt einem bereitwillig die Kleidung ab, verwahrt sie ordentlich und gibt niemals Widerworte. Auch wenn dieses Möbel etwas aus der Mode gekommen zu sein scheint, möchte man doch nicht darauf verzichten, sobald man es erst einmal hat. Dieser Diener hat genug Arme, um auch zwei Herrschaften zu Diensten zu sein, und ist so schnell wie günstig nachzubauen.

Der stumme Diener hat einen Körper aus dickem Kantholz, einen großen Fuß aus MDF-Platte und kräftige Arme aus Rundhölzern, die alle Kleidungsstücke und Bügel gerne aufnehmen. Die ganze Kunst liegt darin, diese Bestandteile so zusammenzubauen, dass die Rundhölzer wirklich im rechten Winkel zum »Körper« stehen, und die Fußplatte wirklich mittig unter dem Kantholz befestigt wird (siehe Tipp Seite 77).
Zum Bohren der Durchführungen für die Rundhölzer eignet sich am besten ein sogenannter Kunstbohrer im Durchmesser der Rundhölzer mit einer Vorrichtung, die senkrechtes Bohren garantiert (siehe Tipp Seite 65). Da diese Bohrer in der Regel zu kurz sind, um in einem Arbeitsgang das Kantholz zu durchbohren, bohrt man zuerst eine »Pilotbohrung« im Durchmesser von 6 mm und bohrt dann mit dem großen Bohrer von zwei Seiten mit der Bohrvorrichtung jeweils bis zur Kantholzmitte. Damit ist das Schwierigste geschafft, und der stumme Diener steht schon bald zu Diensten.

MATERIALLISTE

- ☐ 1 Kantholz, 10,0 x 10,0 x 130,0 cm
- ☐ 7 Holzkugeln, Ø 5,0 cm, halbgebohrt (Ø 8 mm)
- ☐ Lacklasur, weiß und schwarz
- ☐ 3 Rundhölzer, Ø 2,5 cm, Länge 50,0 cm
- ☐ 1 Rundholz, Ø 2,5 cm, Länge 10,0 cm
- ☐ 1 MDF-Platte, 1,8 x 60,0 x 60,0 cm
- ☐ 7 Schrauben 4,0 x 40,0 mm
- ☐ 5 Schrauben 4,0 x 60,0 mm
- ☐ Metermaß, Bleistift, Schreinerwinkel, Akkubohrschrauber, Lasurpinsel, 25-mm-Kunstbohrer, Holzbohrer 6 x 120 mm, 3-mm-Holzbohrer, 4-mm-Holzbohrer, Gummihammer, Feinsäge, Holzleim

1 Zunächst werden die Bohrpositionen für die Rundhölzer am Kantholz markiert. Von oben gemessen liegen sie auf 10, 40 und 120 cm.

2 Nachdem eine senkrechte »Pilotbohrung« durch das Kantholz gebohrt wurde, werden senkrecht von beiden Seiten die Rundholzlöcher gebohrt.

FÜR FORTGESCHRITTENE

3 Als Rundholzabschluss dienen halbgebohrte Holzkugeln (Internet), die lasiert und zum Trocknen auf Schrauben in einem Brettchen gesetzt werden.

4 Auch das Kantholz und die Fußplatte werden lasiert und nach dem Trocknen der Lasur mit fünf Schrauben von unten verbunden (siehe Tipp S. 77).

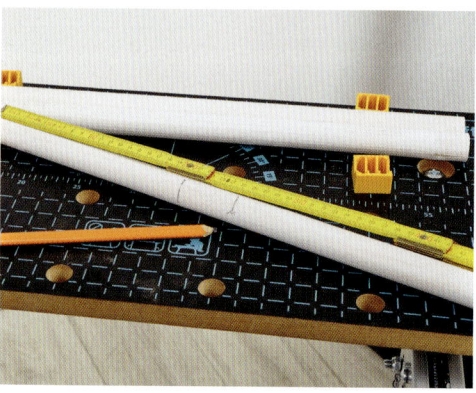

5 Die Rundhölzer werden zuerst lasiert, dann wird ihre Mitte markiert und von dort aus angezeichnet, bis wohin sie durchs Kantholz gesteckt werden.

6 Die halbgebohrten Holzkugeln auf einen kleinen Deckel oder Ähnliches setzen und mit 4 mm Durchmesser mittig ganz durchbohren.

7 Für die spätere Befestigung der Kugeln wird in die Enden der Rundhölzer mit nur 3 mm Durchmesser ebenfalls mittig je ein Loch vorgebohrt.

8 Die Rundhölzer sollen stramm in den Bohrungen sitzen. Deswegen mit einem Gummihammer vorsichtig bis zur Markierung durch das Kantholz treiben.

9 Sitzen die Rundhölzer richtig positioniert im Kantholz, werden die lasierten Holzkugeln mit 40-mm-Holzschrauben als Abschluss angeschraubt.

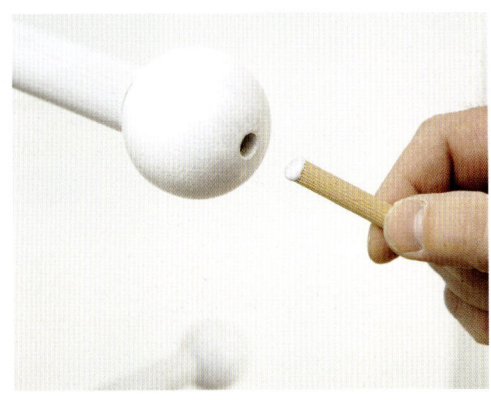

10 Mit einem Holzdübel und etwas Leim wird jedes Schraubenloch verschlossen. Die Dübelrillen lassen überschüssigen Leim seitlich austreten.

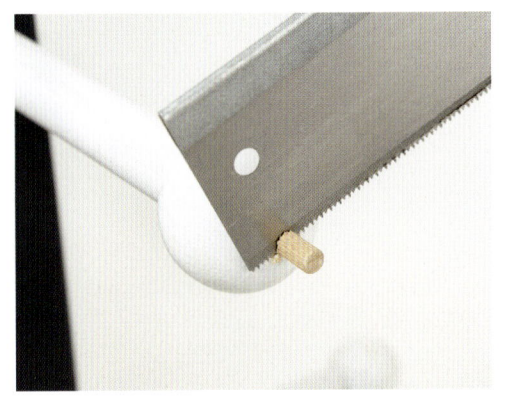

11 Sobald der Leim trocken ist, wird der überstehende Teil des Dübels mit einer Feinsäge oder einer Japansäge bündig abgetrennt.

12 Die Schnittstelle wird ganz zum Schluss noch mit etwas Lasur ausgetupft und dadurch »praktisch unsichtbar«.

» TIPP

Manchmal muss man bei der Montage von Bauteilen genau die Mitte treffen. Das ist freihand kaum zu schaffen und sollte immer angezeichnet werden. Dafür gibt es bei rechteckigen Bauteilen eine ganz einfache Methode: Man muss nur zwei Linien jeweils von Ecke zu Ecke ziehen. Wo sich die Linien kreuzen, ist die Bauteilmitte. Wenn man beispielsweise ein kleines auf einem größeren Teil mittig positionieren möchte, ermittelt man auf dem größeren Bauteil die Mitte und verlängert die sich kreuzenden Linien von dort aus über die Diagonale des kleinen Bauteils hinaus. Nun markiert man auf jeder Diagonale von der Mitte aus den Abstand Mitte-Ecke des kleineren Teils. An den Markierungen kann das kleine Bauteil exakt mittig positioniert werden.

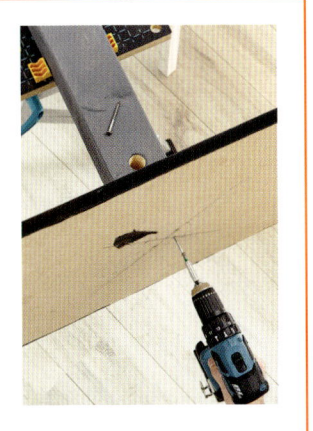

FÜR FORTGESCHRITTENE

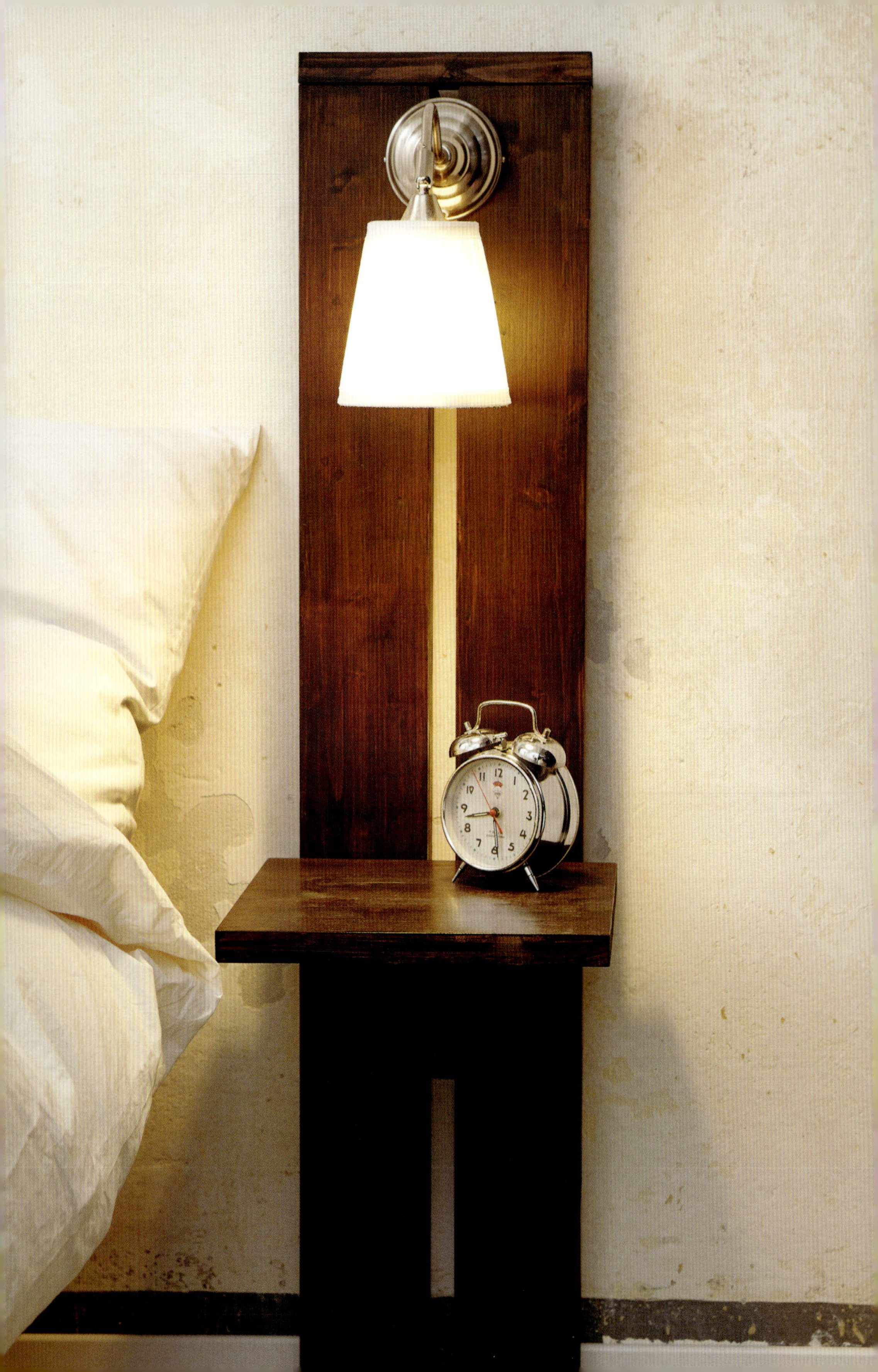

NACHTTISCH

Schöne Betten gibt es viele, Nachttische mindestens ebenso viele – doch oft passen diese nicht gut zueinander. Nicht nur aus Stilgründen, sondern schlicht von der Höhe her. Dieser, etwas nostalgisch anmutende, Nachttisch lässt sich der Betthöhe in mehreren Stufen individuell anpassen und macht auch einen Bettenwechsel problemlos mit. Seine Grundform ist zeitlos, über den Stil entscheiden Sie selbst – durch Farbgebung und Leuchtenmodell.

Ob Schlummertrunk, Brille, Buch oder Wecker, ohne einen Nachttisch am Bett wäre dafür der Fußboden die nächste Ablage – nicht gerade praktisch. Ein Schränkchen, ein Hocker oder schlicht ein Bord an der Wand lassen alle diese notwendigen Dinge in erreichbare Nähe rücken. Aber nicht immer! Oft sind diese Möbel schlicht zu niedrig oder zu hoch, um sie gut erreichen zu können. Ideal ist es, wenn sie etwa dieselbe Höhe wie die Matratze haben, um etwas bequem abstellen oder auf die Uhr sehen zu können.

Dieser Nachttisch passt garantiert zu Ihrem Bett zu Hause, denn er lässt sich in mehreren Stufen der Höhe des eigenen Betts anpassen. Das ist durch eine, hinter der Front verborgene, Steckleiste möglich. In ihr wird die Ablageplatte gehalten und sie bietet mehrere Steckpositionen. In welcher Höhe diese sind, können Sie individuell festlegen. Gebaut wird dieser praktische Nachttisch aus massivem und verwindungsfestem Kiefern-Leimholz, einer Massivholzplatte, die aus verleimten Leisten besteht. Die Form des Möbels ist zeitlos und nur die Farbgebung und die Wahl der Beleuchtung geben ihm den jeweils passenden Stil. Hier ist es eine Wandlampe mit Stoffschirm im Stil der 1950er-Jahre und im Farbton Nussbaum lasiertes Holz. Das sieht edel und nostalgisch aus. Natürlich könnte der Nachttisch auch mit einer LED-Leuchte ausgestattet und bunt lackiert werden. Das ist ausschließlich eine Frage des persönlichen Geschmacks.

So einfach die Bauweise ist, einige Tücken lauern beim Bauen, die mit Sorgfalt umgangen werden können. Die Ablageplatte wird nur von einem Plattendreieck getragen. Dieses Dreieck wird verleimt, hier muss man die Angaben des Leimherstellers strikt befolgen, damit die Verleimung wirklich fest und stabil wird. Die Hinterkante des Dreiecks steht so weit über, dass es bis etwa 5 mm vor die Wand bzw. die Kante der Steckleiste reicht, das ist wichtig, damit die Steckbohrungen nicht zu dicht am Rand der Bauteile liegen. Schließlich ist es der Abstand zwischen den beiden senkrechten Frontbrettern. Er muss gleichmäßig sein, und das Stützdreieck der Ablageplatte sollte ein klein wenig Spiel haben, damit es bei Bedarf leicht versetzt werden kann. Für den Fall, dass es doch etwas klemmt, z. B. durch luftfeuchtigkeitsbedingtes Quellen des Holzes, ein Tipp: Die aneinanderreibenden Flächen einfach mit dem Wachs eines Teelichts einreiben. Dann sollte es wie geschmiert laufen.

MATERIALLISTE

- 1 Leimholzplatte, 2,8 x 33,0 x 33,0 cm
- 2 Leimholzplatten, 2,8 x 12,0 x 120,0 cm
- 2 Leimholzstreifen, 2,8 x 4,5 x 120,0 cm
- 2 Leimholzstreifen, 2,8 x 4,5 x 26,5 cm
- 1 Leimholzplatte, 2,8 x 20,0 x 20,0 cm
- 2 Leimholzabschnitte, 2,8 x 3,5 x 3,5 cm
- 2 Dübelstangen, Ø 8 mm, Länge 4,0 cm
- 1 Wandlampe
- 20 Kabelschellen passend zum Lampenkabel
- Bleistift, Zollstock, Stichsäge, Schleifpapier Korn 120, Schleifkork, Holzleim, Leimzwingen, Klebeband, Pinsel, Akkubohrschrauber, kleiner Hammer, Kreuzschlitz-Bit PZ1, 1 Stuhlwinkel ca. 1,0 x 2,0 x 2,0 cm

1 Beim Zuschneiden der Bauteile fängt man damit an, das Stützdreieck (die gleichen Schenkel sind 20 cm lang) für die Ablageplatte anzuzeichnen.

2 Danach sägt man es am besten mit der Stichsäge zu. Hierfür an der Säge Pendelhubstufe 1 einstellen und langsam an der Linie entlang sägen.

3 Nachdem alle Bauteile zugesägt sind, werden die Kanten mit Schleifpapier (Korn 120) und Schleifkork leicht übergeschliffen und »stumpf« gemacht.

4 Jetzt leimt man die Steck- und zugleich Abstandsleisten bündig hinter die beiden Frontbretter. Mit Zwingen pressen, bis der Leim fest ist.

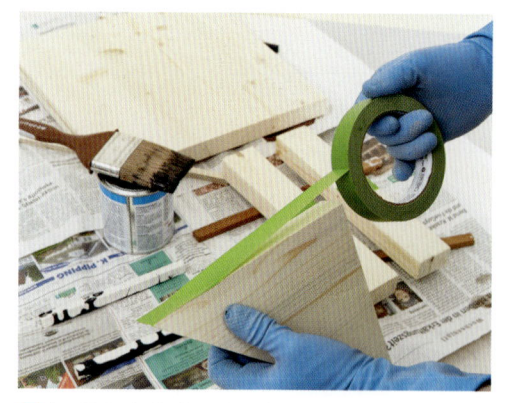

5 Am Stützdreieck und an der Unterseite der Ablageplatte wird der Bereich für die Verleimung vorm Lasieren mit einem Klebeband abgedeckt.

6 Mit einer Lacklasur werden alle Bauteile zweimal gestrichen. Die kurzen Leisten sind die Endquerleisten zum Verbinden der Frontbretter (s. Schritt 10).

7 Nach dem Markieren der Stecklöcher das Stützdreieck bündig und ein Restholz zwischen die Steckleisten legen und genau senkrecht bohren.

8 Jetzt wird das Stützdreieck unter die Ablageplatte geleimt (Klebeband entfernen) und so ausgerichtet, dass der Überstand zu den Stecklöchern passt.

9 Ans obere Ende der Front wird jetzt die Wandlampe montiert. Für dieses Modell wird dafür erst ein Haltebügel quer über der Mittelfuge angeschraubt.

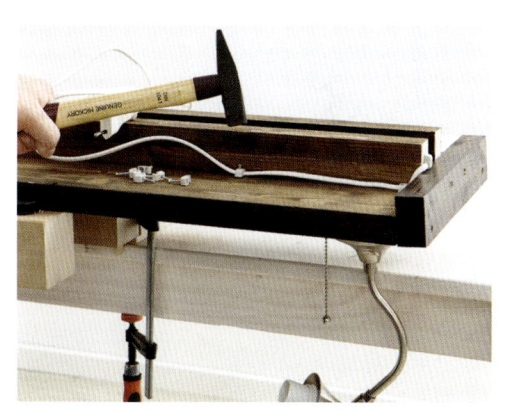

10 Das Anschlusskabel für die Lampe wird auf der Rückseite der Front nach unten geführt und mit Kabelschellen angenagelt.

11 Ein kleiner, sogenannter Stuhlwinkel wird so an die Wand gedübelt, dass er genau über eine der beiden Steckleisten passt, und dort angeschraubt.

12 Für die Ablagehalterung stellt man zwei 20 cm lange Steckstifte aus 8-mm-Rundhölzern und zwei eingeleimten Würfeln aus Restholz her.

FÜR FORTGESCHRITTENE

DESKTOP-ORGANIZER

Dieser kleine Würfel schafft Ordnung. Nicht auf dem virtuellen Desktop, sondern auf dem realen Schreibtisch. Er schafft Platz für alle wichtigen Utensilien, vom Klebefilm bis zum Taschenrechner, und der Anstrich mit Tafellack macht ihn auch noch zum Memoboard. Der Clou ist aber ein Geheimfach!

1 Die fertig zugeschnitten gekauften Multiplexplatten werden nach dem »Windmühlenprinzip« (immer an einer Seite überstehend) verleimt und stramm mit Paketklebeband fixiert.

2 Der größere Würfel wird außen mit Tafellack gestrichen. Dafür die vordere Kante sorgfältig abkleben. Nicht im Foto: Auf den Boden wird ein 5 cm breiter Plattenstreifen in die hintere Ecke geleimt.

3 Der kleinere, innere Würfel bekommt ein Ablagefach, das etwa 2 cm von der Mitte versetzt von außen verschraubt wird. Das größere Fach ist dann das untere.

4 Knapp unterhalb des Fachbodens werden mit etwa 3 cm Abstand zur Außenkante und zum Fachboden zwei Löcher mit 8 mm Durchmesser in die Rückwand gebohrt.

5 Zum Halten der Geheimnisse wird ein Stück Gummiseil mit 6 mm Durchmesser von der Rückseite durch die Bohrungen gesteckt und im Fach mit einem Achtknoten gesichert (siehe Seiten 47 und 51).

MATERIALLISTE

- ☐ 4 Multiplexplatten, 0,9 x 23,0 x 25,5 cm
- ☐ 1 Multiplexplatte, 0,9 x 24,6 x 24,6 cm
- ☐ 1 Multiplexplatte, 0,9 x 22,6 x 24,6 cm
- ☐ 4 Multiplexplatten, 0,9 x 27,6 x 29,0 cm
- ☐ 1 Multiplexplatte, 0,9 x 26,7 x 26,7 cm
- ☐ Tafellack, schwarz
- ☐ 1 Plattenstreifen, 1,0 x 4,5 x 15,0 cm
- ☐ 1 Gummiseil, Ø 0,6, Länge 25,0 cm
- ☐ Holzleim, Paketklebeband, Malerband, Pinsel, Akkubohrschrauber, 6-mm-Holzbohrer, Metermaß, Bleistift, Schreinerwinkel

FÜR FORTGESCHRITTENE

STARKES KÜCHENBRETT

Im Look eines traditionellen Butcher-Blocks präsentiert sich dieses Schneidbrett in sogenannter Stirnholztechnik. Es ist sehr einfach zu bauen, aber auch eine wahre Fleißarbeit. Es besteht aus gleich langen Abschnitten einer quadratischen Buchenleiste und ist durch die robuste Stirnholzoberfläche sehr tolerant gegenüber scharfen Messerklingen.

1 Eine Quadratleiste aus Buche (40 x 40 mm) wird in 70 fünf Zentimeter lange Stücke gesägt. Dabei muss man sehr genau arbeiten, da sich Ungleichheiten nur mühsam durch Schleifen angleichen lassen.

2 Wenn alle Klötzchen zugesägt sind, leimt man sie aneinander (7 x 10 Klötzchen). Dafür braucht man eine absolut ebene Fläche, sodass sich gegebenenfalls Ungleichheiten nur auf einer Seite zeigen.

3 Zum Pressen der Verleimung legt man Zulagehölzer (Leistenabschnitte) an alle Seiten des Bretts und zwingt sie mit stabilen Zwingen zusammen, bis der Leim abgebunden hat.

4 Mit der Schleifmaschine und Papier der Körnung 80 (oder 60) werden Leimreste und Unebenheiten beseitigt. Mit 120er Schleifpapier nachschleifen und die Kanten etwas abrunden.

5 Damit das Brett geschützt und wasserabweisend ist, aber lebensmittelecht bleibt, wird es rundherum mit ganz normalem Pflanzenöl eingeölt. Öl, das nicht einzieht, sorgfältig abwischen.

MATERIALLISTE

- 1 Buchenleiste, 40 x 40 x 3700 mm scharfkantig, nicht gefast
- Holzleim, wasserfest
- 2 Leistenabschnitte, 28 cm lang
- 2 Leistenabschnitte, 40 cm lang
- Schleifpapier Korn 80 (Korn 60 bei großen Unebenheiten)
- Schleifpapier Korn 120
- Pflanzenöl
- Feinsäge, Zwingen (Spannweite 2 x 35 cm, 2 x 45 cm), Schleifkork, Schleifmaschine, fusselfreies Tuch

FÜR FORTGESCHRITTENE

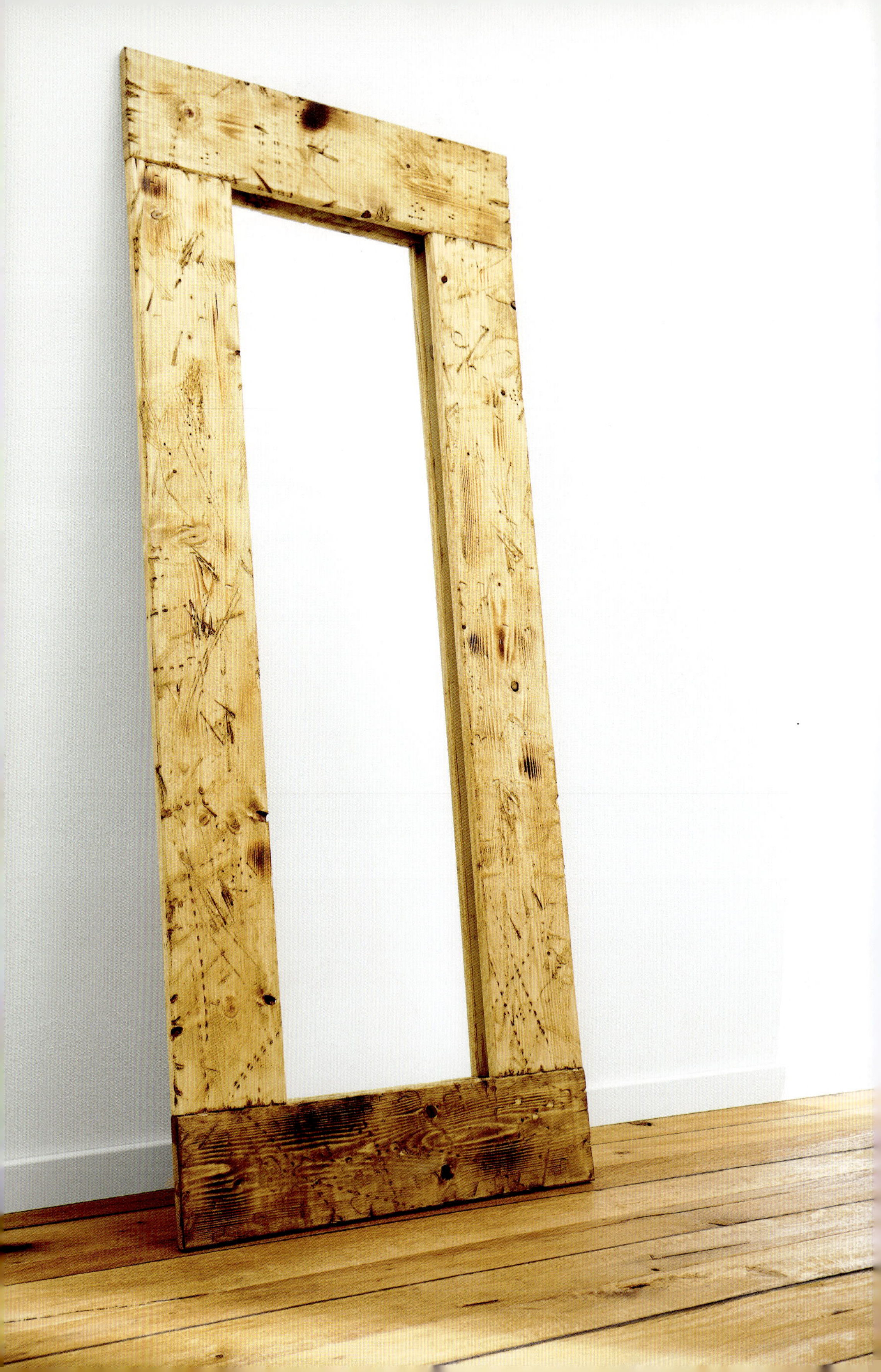

»TREIBHOLZ«-SPIEGEL

Um an echtes Treibholz zu kommen, müssen zwei Voraussetzungen erfüllt sein: Sie müssen am Meer sein und Sie müssen das Glück haben, dass gerade welches an den Strand gespült wurde. Oder Sie machen sich Ihr »Treibholz« selbst. Die unterschiedlichsten Gegenstände und Werkzeuge sowie etwas Farbe lassen neues Holz ganz schnell alt aussehen. Ein selbst daraus gebauter Shabby-Chic-Rahmen, wie hier für einen Spiegel, ist schön und dekorativ.

Präzision ist nicht gefragt, wenn Sie nagelneues Holz auf alt trimmen möchten. Im Gegenteil: Hier geht es darum, dem Holz vermeintliche Gebrauchsspuren und Beschädigungen zu geben. Da kommt es auf Unregelmäßigkeit und Zufall an. Die Werkzeuge dafür reichen vom feinen Bohrer über Meißelwerkzeuge bis hin zur ausgedienten Fahrradkette – alles, was die Holzoberfläche beschädigt, kann verwendet werden.

Bei der Bearbeitung ist es wichtig, dass wirklich alle Möbel abgedeckt und aus dem Gefahrenbereich gebracht wurden. Denn eine Kette ist nicht zielgenau, außerdem kann sie bei überstehenden Brettern ums Holz herumschlagen und die eigene Hand verletzen. Deswegen und auch als Schutz vor Splittern am besten Arbeitshandschuhe tragen. Natürlich können Sie das Holz auch auf chemischem Wege altern – eine ungefährliche Rezeptur finden Sie im Tipp auf Seite 89. Mit etwas Lasur oder Holzöl bekommt das Holz noch den richtigen Farbton und dann ist der Bau des Spiegelrahmens schnell erledigt.

MATERIALLISTE

- ☐ 2 Bretter, Fichte/Kiefer, 1,8 x 14,0 x 110,0 cm
- ☐ 2 Bretter, Fichte/Kiefer, 1,8 x 14,0 x 58,0 cm
- ☐ Für die Holzbearbeitung: Diverse Werkzeuge wie Hammer, Meißel, Raspel, Kette, 3-mm-Holzbohrer, Lötlampe und dergleichen
- ☐ Holzöl, Farbton Teak
- ☐ 8 Holzdübel, Ø 6 mm
- ☐ Holzleim
- ☐ Spiegel, 40,0 x 120,0 cm, inkl. Halterung
- ☐ Pinsel, Akkubohrschrauber, 6-mm-Holzbohrer mit Bohrtiefenbegrenzer, Dübelmarker Ø 6 mm, Spanngurt, Zollstock, Schreinerwinkel, Bleistift

1 Nachdem man mit einer alten Fahrradkette Striemen auf das Holz geschlagen hat, dient die Finne eines Maurerhammers dazu, Kerben zu schlagen.

2 Mit einem feinen 3-mm-Bohrer bohrt man unregelmäßige Wurmlöcher ins Holz. Sie sollte man immer schräg und auch an der Brettkante bohren.

FÜR FORTGESCHRITTENE

3 Mit der flachen Seite einer Raspel erweitert und vertieft man einige der Kerben, die zuvor mit Maurerhammer oder Meißel geschlagen wurden.

4 Noch eine Möglichkeit, Holz alt aussehen zu lassen, ist das teilweise Abflämmen mit einer Lötlampe. Die Holzoberfläche sollte aber nicht verkohlen.

5 Wenn die Werkzeugtortur zu Ende ist, wird das Holz eingefärbt. Hier mit einem pigmentierten Holzöl, man kann auch eine graue Lasur verwenden.

6 Für die Rahmenmontage werden in die Stirnseite der langen Bretter 6-mm-Löcher gebohrt und mit Dübelmarkern auf die kurzen Bretter übertragen.

7 An den markierten Positionen (Bretter nicht mehr drehen oder tauschen) werden die Dübel-Gegenlöcher gebohrt. Dabei einen Tiefenanschlag verwenden.

8 Mit einer Spur Holzleim an einem Ende der Dübel setzt man diese in die Bohrungen an den Stirnseiten der langen Bretter.

FÜR FORTGESCHRITTENE

9 Jetzt auch ans andere Dübelende Leim geben und eine Spur auf die Brettkante auftragen. Dann die Rahmenteile zusammenfügen.

10 Ein Spanngurt presst den Rahmen zusammen, bis der Leim fest ist. (Hinweis: Das dunkle Brett wurde zusätzlich chemisch gealtert, s. Tipp.)

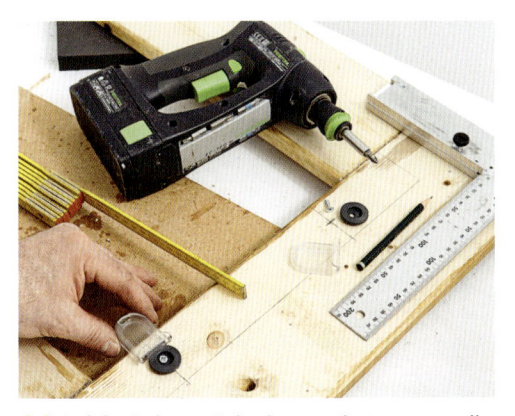

11 Auf der Rahmenrückseite montiert man nun die Spiegelhalterung zum Klemmen. Der Spiegel sitzt fest zwischen den Haken.

12 Jetzt den Spiegel auf einer Seite in die Haken legen, und die andere Seite an den Spiegel schieben. Vorsicht, seitlich kann er herausrutschen.

» TIPP

Um neues Holz so richtig alt aussehen zu lassen, können Sie ihm auch mit sanfter Chemie zu Leibe rücken. Hierfür stecken Sie möglichst feine (Grad 000), auseinandergerupfte Stahlwolle in ein verschließbares Glas und gießen normalen Haushaltsessig oder, noch besser, Essigessenz darüber, bis die Wolle bedeckt ist. Dies lassen Sie einige Tage stehen. Jetzt setzt ein chemischer Prozess ein, bei dem Eisenacetat entsteht und kleine, ungefährliche Wasserstoffbläschen aufsteigen. Mit der entstandenen Lösung wird das Holz eingestrichen und nach wiederum ein paar Tagen hat Nadelholz eine dunkelbraune Farbe, gerbstoffhaltige Hölzer (z.B. Eiche) eine schwarze Färbung angenommen. Ist das Holz trocken, kann es ganz normal weiterbearbeitet werden.

FÜR FORTGESCHRITTENE

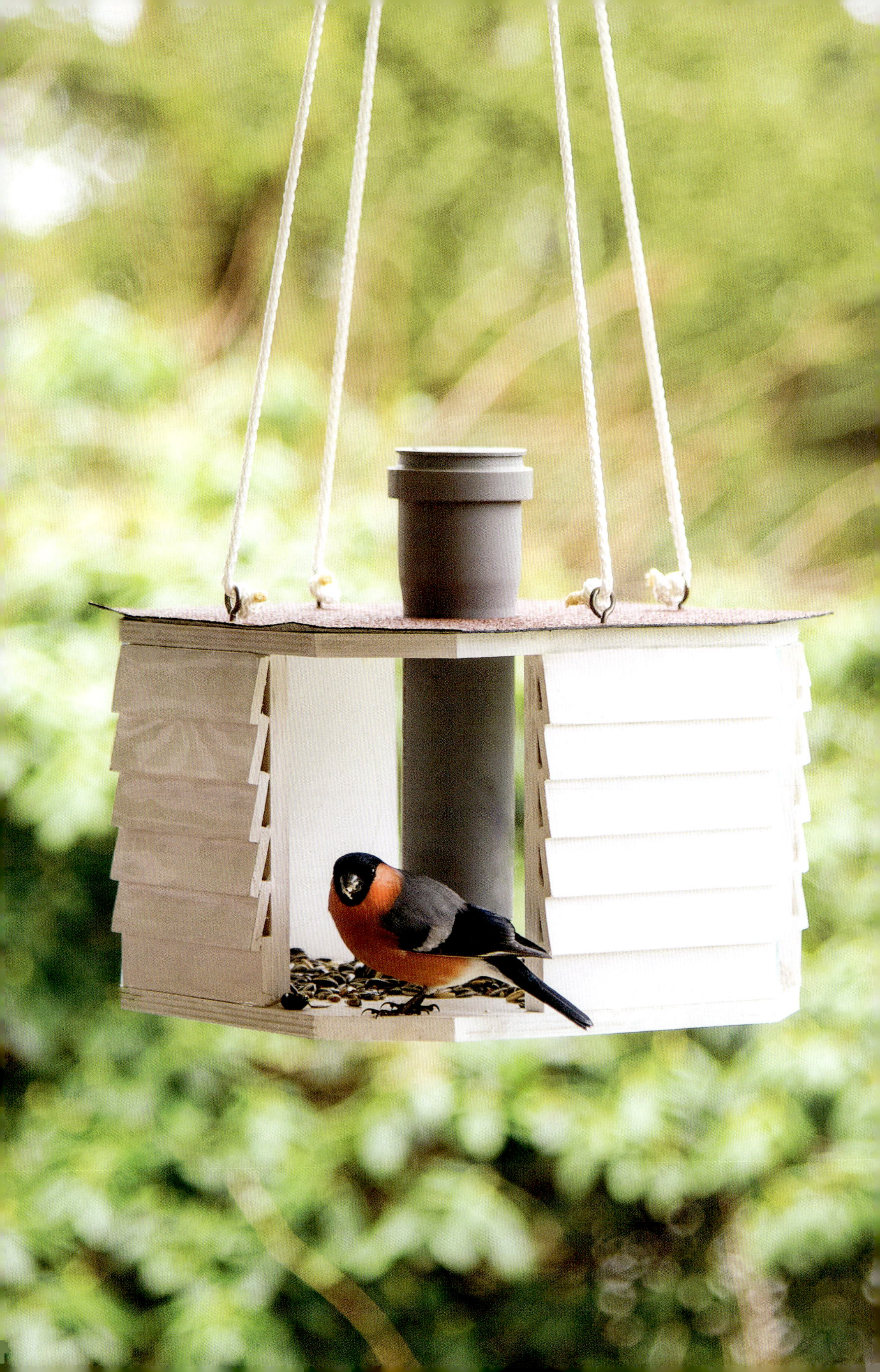

FUTTER-BUNGALOW

Wer Spaß daran hat, Vögel zu beobachten, muss es schaffen, möglichst nah an sie heranzukommen. Mit einem Futterhaus holen Sie sich die scheuen Tiere direkt vor das Fenster. Doch oft ist das ein optisches Problem, denn die Futterhäuser im Handel sind meist etwas lieblos gezimmerte Futterüberdachungen. Ganz anders dieses moderne Futterhaus im Bungalowstil. Hier ist das Futter zudem noch besser vor Regen und Schnee geschützt und ein Silo sorgt für ständigen Nachschub.

Alle Vögel, die im Winter nicht nach Süden ziehen, haben es hierzulande schwer, bei Frost und Schnee Nahrung zu finden. Da hilft den Tieren ein Futterhaus, um über den Winter zu kommen. Dieses Modell erinnert mit seiner weißen, geschuppten Beplankung an ein amerikanisches Strandhaus und hebt sich von den üblichen Futterhäusern aus Birkenästen wohltuend ab.
Für den Bau werden alle Teile aus Multiplexplatte und die geschuppten Leisten nur verleimt, die Eckfenster aus Kunststoff und das Futtersilo aus einem Stück »HT-Rohr« mit Endkappe werden mit Epoxidkleber eingeklebt. Um das Holz wetterfest zu machen, sollten Sie es zunächst mit einem Holzgrund, der vor Bläuepilz schützt, vorbehandeln. Anschließend wird es durch einen zweifachen Anstrich mit einem Außenlack oder spezieller Wetterschutzfarbe geschützt. Das Dach ist hier aus Dachpappe, es kann aber auch aus Aluminium oder Kunststoffplatte angefertigt werden. Damit haben Sie lange gefiederten Besuch vorm Fenster.

MATERIALLISTE

- 24 Leisten, 0,3 x 2,5 x 12,0 cm
- 2 Multiplexplatten, 0,9 x 25,0 x 25,0 cm
- 4 Multiplexplatten, 0,9 x 12,0 x 14,5 cm
- Bläueschutz
- Lackfarbe für außen, weiß
- 2 Kunstglasscheiben, 0,2 x 6,0 x 14,5 cm
- 1 HT-Abflussrohr mit Verbindungsmuffe, Ø 5,0 x 24,0 cm
- 1 HT-Rohrabschlusskappe, Ø 5,0 cm
- Dachpappe, 27,0 x 27,0 cm
- Geo-Dreieck, Bleistift, Schreinerwinkel, Feinsäge, Holzleim, Pinsel, Lochsäge Ø 50 mm, Cutter, Schneidlineal, kleine Metallsäge, 2-Komponenten-Epoxidkleber, Klebeband, Kontaktkleber, Akkubohrschrauber, wasserfester Filzschreiber

1 Man beginnt mit dem Zuschnitt der Beplankungsleisten von Boden- und Deckelplatte. Die Kantenlänge der Abschnitte an den Ecken beträgt 6 cm.

2 Jetzt leimt man mit wasserfestem Holzleim die Leistenstücke geschuppt auf die Wandplatten. Dabei auf eine gleichmäßige Überlappung achten.

FÜR FORTGESCHRITTENE

3 Wenn der Leim trocken ist, werden die 4 Wandelemente erst mit einem Bläueschutz behandelt und dann an allen Seiten mit Außenlack gestrichen.

4 In die Mitte der Deckelplatte bohrt man mit einer Lochsäge eine 5-cm-Öffnung, durch die später das Futtersilo aus einem »HT-Rohr« gesteckt wird.

5 Aus »Bastlerglas«, meist aus Polystyrol (PS), schneidet man mit Cutter und Lineal die 6 cm breiten Eckfenster, ohne die Schutzfolie zu entfernen.

6 Am Ende des »HT-Rohrs« die Futteröffnungen anzeichnen, mit der Eisensäge mehrmals senkrecht einsägen und die Streifen mit dem Cutter entfernen.

7 Mit 2-K-Epoxidkleber (schnell abbindend) werden jetzt die Wandelemente und die Fenster (Folie innen ab) zusammengesetzt und mit Klebeband fixiert.

8 Die Dachpappe umlaufend 1 cm größer als den Deckel zuschneiden und mit Kontaktkleber aufkleben. Ein paar Faustschläge festigen die Verbindung.

9 Das Siloloch mit dem Cutter in die Dachpappe schneiden und wieder etwas 2-K-Epoxidkleber anmischen und mit dem Spatel vollflächig auftragen.

10 Jetzt das Dach so auf die Wände setzen, dass es rundherum bündig mit den Wänden abschließt. Dabei das Dach kurz etwas andrücken.

11 Nun steckt man das »HT-Rohr« durch die Dachöffnung. Ein wenig Epoxidkleber am Rand fixiert es an der Bodenplatte.

12 Nachdem das Silo gefüllt wurde (nicht randvoll) wird dieses mit der »HT-Abschlusskappe« verschlossen und aufgestellt (siehe Tipp).

» TIPP

Je nach der örtlichen Gegebenheit können Sie das Futterhaus aufhängen oder aufstellen. Hier wurde es aufgehängt, indem vier rostfreie Ringösen in der Ebene der Wände jeweils in die Mitte der langen Dachkanten geschraubt wurden. Dafür die Bohrlöcher unbedingt vorbohren. Die Alternative ist ein 6 x 6 cm-Kantholz, auf dem man ein 10 x 10 cm großes, wasserfest verleimtes Sperrholzbrett schraubt. Das Kantholz so wie das Futterhaus streichen und im Erdboden befestigen (Betonfundament, Einschlaghülse oder einfach eingegraben). Jetzt das Futterhaus mittig aufsetzen und von unten mit vier Edelstahl-Holzschrauben befestigen. Die Schrauben dürfen dabei keinesfalls durch die Bodenplatte kommen.

FÜR FORTGESCHRITTENE

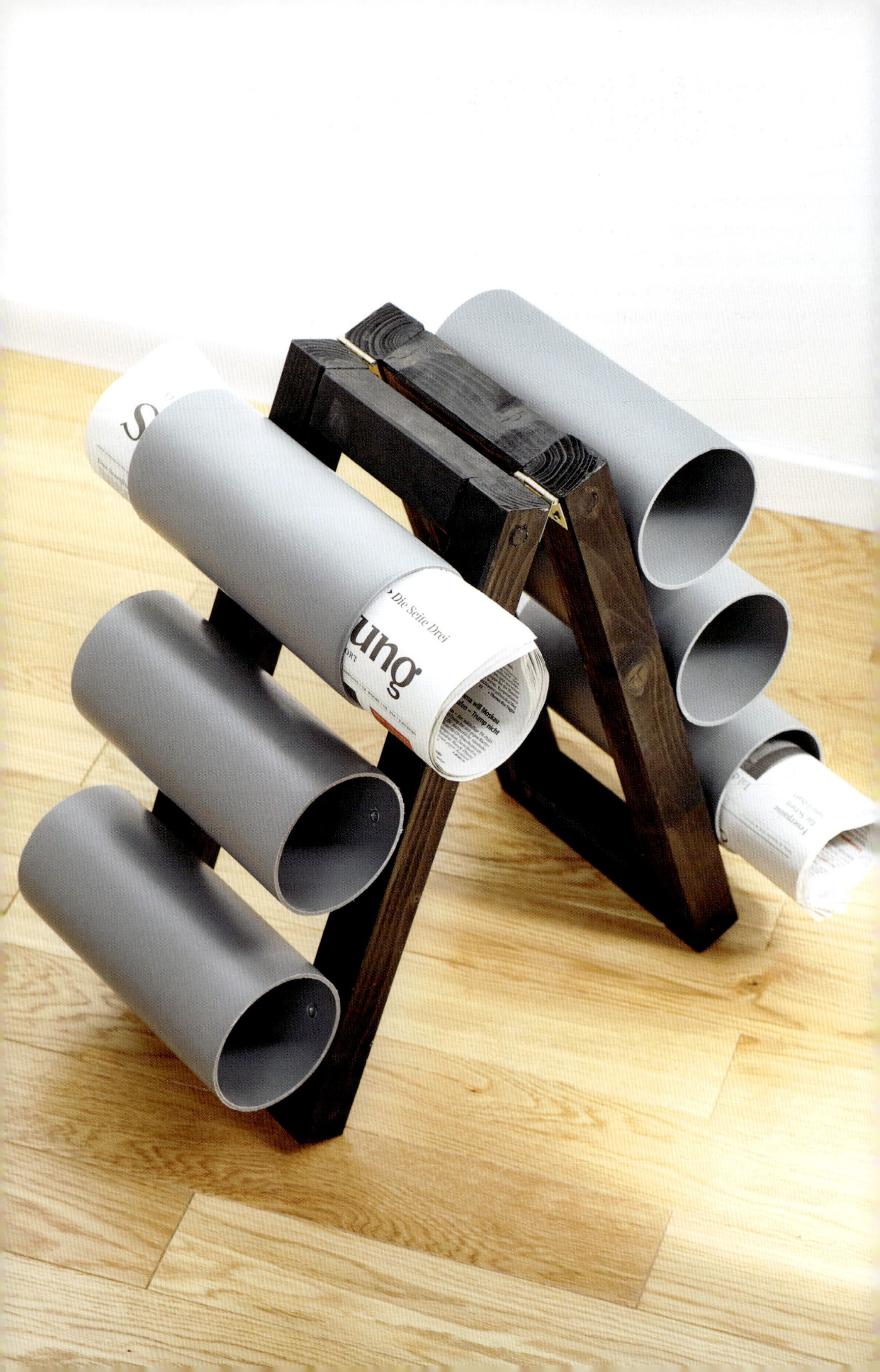
Die Seite Drei
ung

ZEITUNGSSTÄNDER

In Kaffeehäusern hängen die Zeitungen in Klemmstöcken ordentlich an der Wand, zu Hause liegen sie meist irgendwo herum, ohne einen richtigen Aufbewahrungsort zu haben. Dieser Zeitungshalter ändert das nach kurzer Bauzeit für immer. Er ist optimal für Zeitschriften und Wochenzeitungen, die man nicht an einem Tag liest und dann ins Altpapier gibt. Die Materialien sind günstig, der Bau stellt aber schon einige Ansprüche an die eigenen Fähigkeiten.

Wahrscheinlich jeder liest, über die Tageszeitung hinaus, Zeitschriften, die seine Interessen bedienen, oder auch gut recherchierte Wochenzeitungen. Ein Menge Papier, die man da aufbewahrt, denn selbst wenn man die Zeitschriften nicht sammelt, liegen sie, abhängig davon wie oft sie erscheinen, mindestens eine Woche in der Wohnung – manchmal auch mehrere Monate.
Ein Stapel auf dem Wohnzimmertisch oder auf der Kommode ist zwar eine einfache Lösung, trägt aber nicht unbedingt zur Ordnung bei.
Das ändert dieser Zeitungsständer aus zwei Rahmen und sechs Röhren. Er lässt sich wie hier, als »Aufsteller«, einfach auf dem Boden platzieren, oder wie im Kaffeehaus, mit zwei Haken an die Wand hängen. Das Eigengewicht ist durch die Rahmenbauweise und die leichten Kunststoffrohre gering.
Beim Rahmenbau kommen versteckte Verschraubungen zum Einsatz. Das bedeutet, dass die Schraubenköpfe in einem Sackloch versenkt werden und ein Holzpfropfen das Sackloch verschließt. Im Prinzip ganz einfach. Ein Tipp für die Praxis: Beim Bohren der Sacklöcher ein Stück Restholz mit einer Zwinge auf die Leiste spannen und darauf die Bohrposition markieren. Dann durch das Restholz das Sackloch mit einem Holzbohrer bohren, so wird verhindert, dass der Rand unschön ausreißt.
Die Halter sind gewöhnliche, sogenannte HT-Rohre (HT steht für Hoch-Temperatur – diesem Kunststoff kann auch kochendes Wasser nichts anhaben) und dienen sonst als Abflussrohr im Haus. Sie werden meist nur in 2- und 3-Meter-Längen verkauft und müssen selbst zugeschnitten werden. Bei Rohren mit einem Durchmesser von 100 mm nicht ganz einfach. Schon das Rohr beim Sägen zu halten ist ein kleiner Kraftakt, da es sich kaum einspannen lässt – es lohnt sich aber, das Rohr zusätzlich mit einer Zwinge am Arbeitstisch festzuspannen

MATERIALLISTE

- ☐ 4 Latten, 4,4 x 4,4 x 16,0 cm
- ☐ 4 Latten, 4,4 x 4,4 x 50,0 cm
- ☐ 8 Rundholzabschnitte, Ø 1,2 cm, Länge 3,0 cm
- ☐ 6 Rohrabschnitte, Ø 11,0 cm, Länge 25,0 cm
- ☐ 2 Scharniere, ca. 4,0 x 6,0 cm (offen)
- ☐ 2 Ringösen, Ø 30 mm
- ☐ Akkubohrschrauber, Aufreiber, 4-mm-Holzbohrer, 12-mm-Holzbohrer, Holzleim, Hammer, Stecheisen, Raspel, Schleifkork, Pinsel, schwarze Lacklasur, Klebeband, Metallbügelsäge, Klemmzwingen, 1 Schraubzwinge, Schleifpapier Korn 120, Zollstock, Schreinerwinkel, Bleistift, 1/4-Zoll-Steckschlüssel mit Kreuzschlitzaufsatz

(Zwingenarm ins Rohr stecken!). Die Schnittlinie wird mit nicht dehnbarem Klebeband markiert und gesägt wird mit einer großen Metallbügelsäge. Eine grob gezahnte Holzsäge funktioniert hier nämlich nicht.
Dabei muss das Rohr ein- bis zweimal weitergedreht werden, da eine handelsübliche Bügelsäge keine 100 mm Abstand zwischen Bügel und Sägeblatt hat und das Rohr deshalb zu groß ist.
Um die Rohre am Rahmen zu verschrauben, müssen Sie an den entsprechenden Positionen vorbohren und die Schrauben dann mit einem sehr kurzen oder abgewinkelten Schraubenzieher eindrehen.

FÜR FORTGESCHRITTENE

1 Die Rahmenverbindungen mit 4 mm Durchmesser durchbohren, das Bohrloch auf 10 mm aufreiben, dann das Sackloch in halber Holzstärke bohren.

2 Die Eckverbindungen des Rahmens leimen und den Rahmen verschrauben. Damit sich die Bauteile zusammenziehen, haben die Schrauben einen Schaft.

3 Mit 10-mm-Rundholzabschnitten, die etwas länger als die Sacklöcher tief sein müssen, und wenig Leim werden die Sacklöcher verschlossen.

4 Wenn der Leim fest ist, werden die überstehenden Pfropfenenden mit einem scharfen Stecheisen abgestoßen. Dafür das Stecheisen flach auflegen.

5 Da gehobelte Leisten oft eine Fase haben, muss an den Eckverbindungen die Stirnholzseite der kurzen Rahmenteile mit einer Raspel angefast werden.

6 Nach dem Überschleifen der Rahmenkonstruktion werden beide Rahmen farbig gestrichen – hier mit einer schwarzen Lacklasur.

7 Mit einem Klebeband wird die Länge der Rohre markiert und an diesem mit einer Metallsäge entlanggesägt. Zum Durchsägen das Rohr drehen.

8 Der Klebebandtrick hilft auch beim Bohren der Befestigungslöcher, die in einer Linie sein müssen. Anschließend noch die Ränder schleifen (Korn 120).

9 Die Befestigungspositionen für die Rohre auf den Rahmen einmessen und anzeichnen. Ein Winkel garantiert dieselbe Höhe auf beiden Rahmenseiten.

10 Mit Holzschrauben schraubt man die Rohrabschnitte jetzt an die Rahmen. Ein Steckschlüssel mit passendem Aufsatz ist optimal dafür.

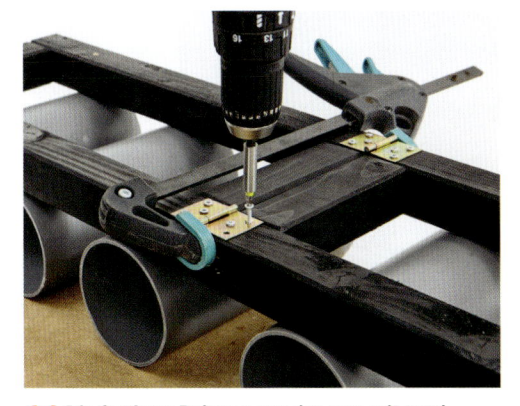

11 Die fertigen Rahmen werden nun mit zwei Klappscharnieren verbunden. Dazu die Rahmen auf einer ebenen Unterlage zusammenspannen.

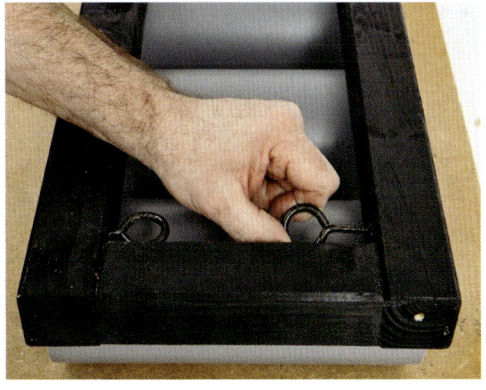

12 Wenn der Zeitungshalter an der Wand hängen soll, dienen zwei an der Innenseite eingedrehte Ringösen als Hakenaufnahme.

FÜR FORTGESCHRITTENE

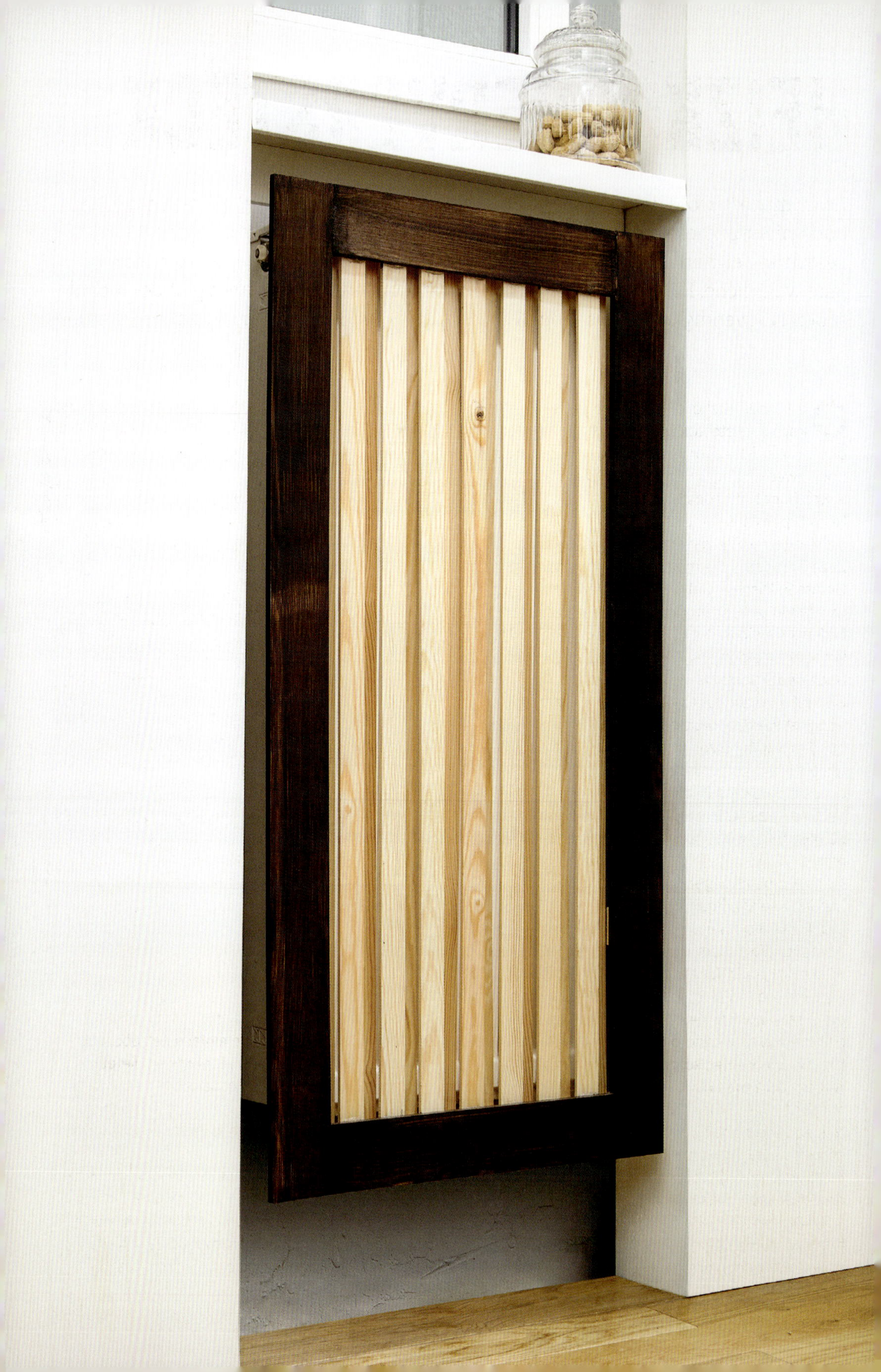

HEIZKÖRPERVERSTECK

Zwar möchte wohl keiner auf Heizkörper verzichten, aber ansehen mag man sie auch nicht gerne. Moderne Heizkörper sind schlicht, für eine gemütliche Raumgestaltung eignen sie sich aber dennoch nicht besonders. Also verstecken Sie sie! Eine wohnliche, hölzerne Verkleidung vor den flachen Metallplatten gibt der technischen Notwendigkeit eine schöne Fassade, die Sie sich auch gerne ansehen werden.

Ob Rippenheizkörper oder moderner Flachheizkörper, spätestens seit den 1970er-Jahren sind die Standard-Heizkörper einer Zentralheizung nur noch zweckmäßig und ohne jede Dekoration. So etwas findet man bestenfalls noch in Altbauten an Heizkörpern aus der ersten Hälfte des 20. Jahrhunderts oder exklusiven Designheizkörpern.
Zum Glück sind die meisten dieser langweiligen Geräte in Nischen unter der Fensterbank eingebaut und fallen optisch im gerade noch erträglichen Maß ins Gewicht. Die hier gezeigte moderne Heizkörperverkleidung hingegen kann die Wohnlichkeit noch deutlich steigern.
Gebaut wird sie ausschließlich aus Leisten, die so verleimt werden, dass die Heizungswärme weiterhin den Raum heizen kann. Hier sind es zwei Wege, die die Wärme nimmt. Rund 60 Prozent wird durch Konvektion in den Raum transportiert. Also dadurch, dass warme Luft aufsteigt und bodennah kühlere Luft wieder zum Heizkörper gelangt. Die restlichen etwa 40 Prozent werden durch Strahlungswärme abgegeben. Deswegen muss die Verkleidung sehr luftdurchlässig sein.
Der Trick sind zwei Leistenlagen mit 20 Millimeter Abstand, die zudem versetzt zueinander auf die Rückseite eines Rahmens geleimt werden. So wird die Verkleidung nicht nur sehr leicht, sie lässt auch die Strahlungswärme optimal passieren und ist trotzdem weitgehend blickdicht.
Um die leichte Heizkörperverkleidung zu montieren, braucht man nur ein paar kräftige Neodym-Magnete. Sie werden rückseitig an die Verkleidung geklebt und haften dann am magnetischen Heizkörper. Neodym-Magnete mit etwa 10 kg Haltekraft je Magnet sind da vollkommen ausreichend, um zu gewährleisten, dass die Verkleidung auf der glatten Heizkörperoberfläche nicht durch die Erdanziehungskraft ins Rutschen kommt. Wer das Format der Verkleidung vergrößert, muss entsprechend mehr und/oder stärkere Magnete verwenden. Die Magnete können Sie am einfachsten über das Internet bekommen. Diese Montageart bietet noch einen großen Vorteil gegenüber fest montierten Kaufmodellen, denn sie lässt sich zum Staubwischen sekundenschnell abnehmen und wieder ansetzen.
Diese Verkleidung wurde nur im Bereich des Rahmens farbig gestaltet. Wo das Staubaufkommen zum Beispiel durch Teppichboden etwas höher ist, sollte man die gesamte Verkleidung einmal klar überlackieren. Dann ist sie auch abwischbar.

MATERIALLISTE

Für einen Heizkörper 40,0 x 90,0 cm, Nischengröße mind. 52,0 x 110,0 cm
- 2 Leisten, Kiefer, 1,0 x 7,0 x 100,0 cm
- 2 Leisten, Kiefer, 1,0 x 7,0 x 36,0 cm
- 7 Leisten, Kiefer, 0,5 x 3,0 x 90,0 cm
- 8 Leisten, Kiefer, 0,5 x 3,0 x 94,0 cm
- 2 Leisten, Kiefer, 2,0 x 2,0 x 46,0 cm
- 2 Klötze, Kiefer, 2,0 x 2,0 x 4,0 cm
- mind. 4 Neodym-Magnete, Ø 2,0 cm, Dicke 0,5 cm
- Zollstock, Schreinerwinkel, Bleistift, Feinsäge, Gehrungslade, Holzleim, Paketklebeband, Leimzwingen, Pinsel, Lacklasur Farbton Nussbaum, Modellzwingen oder kräftige Klammern, Kontaktkleber

1 Im ersten Arbeitsschritt werden alle Leisten auf Maß gesägt. Die Leisten sollen genau rechtwinkelig sein und in einer Schneidlade gesägt werden.

2 Nur mit einer Spur Holzleim wird der Rahmen verbunden und mit Paketklebeband zusammengezwungen, bis der Leim abgebunden hat.

3 Oben und unten die Position der Auflageleiste für die zweite Leistenlage anzeichnen, sodass die erste Leistenlage zwischen die Auflageleisten passt.

4 Mit Holzleim werden die Auflageleisten jetzt auf die Rahmenrückseite geleimt und mit Leimzwingen fixiert. Das stabilisiert den Rahmen zusätzlich.

5 Wenn alle Verleimungen ausgehärtet sind, werden die Zwingen entfernt und der Rahmen mit einer Lacklasur (hier im Farbton Nussbaum) lasiert.

6 Nun in regelmäßigen Abständen die Positionen der ersten Leistenlage anzeichnen und die Leimstellen markieren (Schraffur).

7 Jetzt die erste Leistenlage auf den Rahmen leimen. Sind Leisten leicht verzogen, bleiben sie mit Modellzwingen oder kräftigen Klammern in Position.

8 Die zweite Lage wird wie die erste auf der Auflageleiste angezeichnet. Hier sieht man, wie man die äußeren Leisten für den Abstandsausgleich nutzt.

9 An den markierten Leimstellen jeweils etwas Leim angeben und dann die Leisten auflegen. Nicht mehr berühren und den Leim abbinden lassen.

10 Die besten Positionen für die Magnete anhand des jeweiligen Heizkörpers festlegen und ggf. Abstandsklötzchen auf die Rahmenrückseite leimen.

11 Die Magnete lassen sich gut mit Kontaktkleber aufkleben. Den Kleber beidseitig auftragen und kurz antrocknen lassen (berührungstrocken).

12 Jetzt wird der Magnet mit viel Kraft aufgeklebt. Die Höhe der Kraft entscheidet bei Kontaktklebern über die Festigkeit der Verklebung.

FÜR FORTGESCHRITTENE **101**

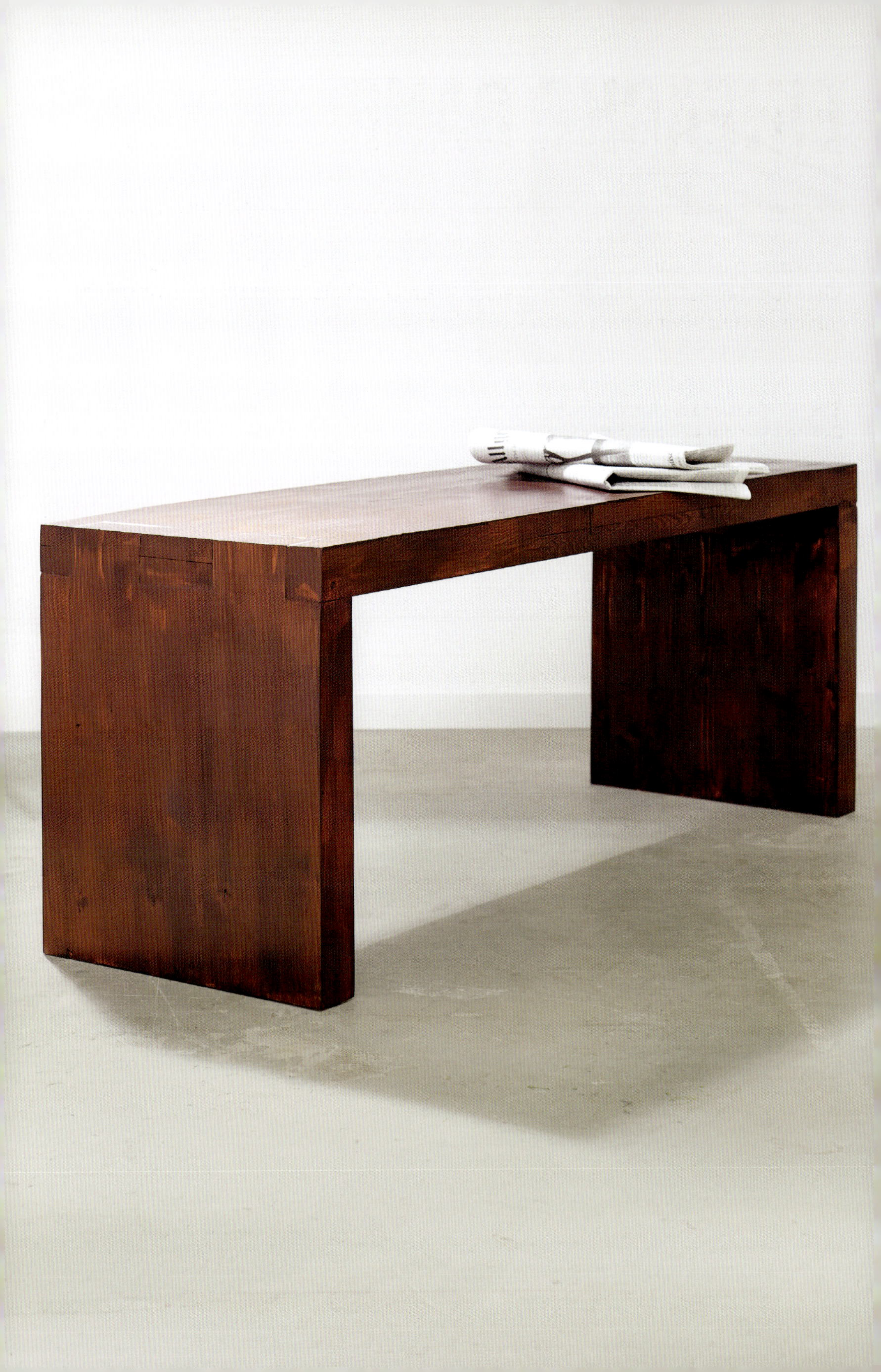

EINFACHE BANK

Diese Bank ist schlicht, schön, stabil und platzsparend. Eine Bank, reduziert auf ihre wesentlichen Bauteile: Beine und Sitzfläche. Dabei aber nicht wuchtig, sondern optisch zurückhaltend. Ein modernes Möbel – mit dem Potenzial zum Klassiker. Gebaut aus massivem, verstärktem Leimholz, das durch den Anstrich mit einer Holzlasur seinen edlen Charakter erhält.

Die Renaissance der Bänke ist nicht aufzuhalten. Standen sie lange in dem Ruf, unbequem und sperrig zu sein, sind sie heute sogar in manchem Flur und an vielen Esstischen zu finden. Mit einem Kissen unter dem Allerwertesten sitzt es sich darauf wunderbar. Ganz gleich, ob zum Essen oder zum Anziehen der Schuhe, diese Bank lässt sich überall in der Wohnung platzieren.

Das Material Kiefernleimholz ist zwar relativ teuer, aber dafür auch stabil und verwindungsfest. Das sind die beiden wichtigsten Eigenschaften, die das Material für eine Sitzbank unbedingt erfüllen muss. Auch wenn die Bank einfach gemacht aussieht, ist sie doch eines der schwierigsten Projekte in diesem Buch. Das liegt im Wesentlichen an den fünf geraden Zinken für die Eckverbindungen. Sie müssen sehr genau ausgesägt werden und das ist nicht einfach, denn das 28 Millimeter dicke Leimholz wächst durch sogenanntes Aufdoppeln auf die zweifache Stärke. Das verhindert selbst bei der 120 Zentimeter langen Sitzfläche ein Durchhängen unter Belastung, ganz ohne zusätzliche Zarge.

Die Zinken werden mit der Stichsäge ausgeschnitten. Dafür sollte man den Pendelhub höchstens auf die erste Stufe einstellen oder auch ganz abschalten. Außerdem braucht man ein langes und breites Sägeblatt, das auch im dicken Material senkrecht nicht aus der Spur läuft. Wer eine Stichsäge hat, bei der das Blatt in dickem Material leicht seitlich weggedrückt wird, sollte sich die Zinken vorab aufzeichnen und aussägen, bevor die Leimholzplatten aufgedoppelt werden.

Die Zinken sollen im Idealfall später stramm ineinander greifen und zusammen mit Leim ergibt das schon eine stabile Verbindung von Beinen und Sitzfläche. Wirklich steif wird die Verbindung erst durch zwei Abschnitte einer 40 x 40 mm-Quadratleiste, die von unten in die Ecken geschraubt und geleimt werden. Sobald der Leim durchgehärtet ist, wird die Bank mit einer Lacklasur von Kiefer auf Mahagoni getrimmt, um dem einfachen Holz eine edle Optik zu verleihen. Dafür sind je nach gewünschtem Farbton mehrere Anstriche notwendig. Diese Bank hat dreimal Farbe bekommen.

Für den Fall, dass nicht alle Zinken so hundertprozentig genau geworden sind, kann man sie vorm Anstreichen mit einer Holzspachtelmasse reparieren, indem die Lücken gefüllt und nach dem Trocknen übergeschliffen werden. Das fällt nach dem Anstrich nur noch Eingeweihten auf.

MATERIALLISTE

- 2 Leimholzplatten, 2,8 x 40,0 x 120,0 cm
- 4 Leimholzplatten, 2,8 x 40,0 x 45,0 cm
- mind. 8 Leimzwingen
- mind. 4 Hilfsleisten, 2,0 x 4,0 x 40,0 cm
- 2 Lattenabschnitte, 4,0 x 4,0 x 30,0 cm
- 8 Schrauben 5,0 x 60,0 mm
- Lacklasur, Farbton Mahagoni
- Holzleim, Leimspachtel (sehr feine Zahnung), Zollstock, Bleistift, Schreinerwinkel, Stichsäge, Schwingschleifer, Schleifpapier Korn 120, Gummihammer mit Zulageholz, Spanngurt mind. 3 m, Akkubohrschrauber, Lasurpinsel

FÜR FORTGESCHRITTENE

1 Mit einem fein gezahnten Leimspachtel wird auf den zugeschnittenen Leimholzplatten Holzleim vollflächig verteilt.

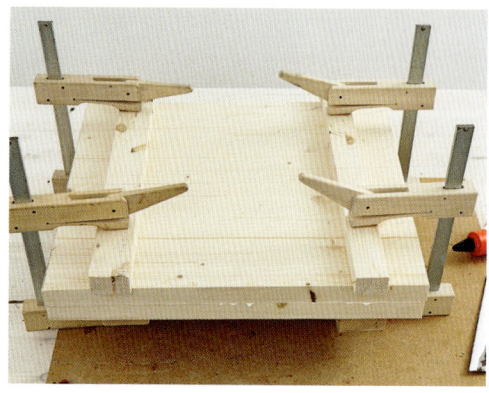

2 Danach legt man die zweite Platte auf und spannt beides mit Druck verteilenden Latten (beidseitig!) und Leimzwingen zusammen.

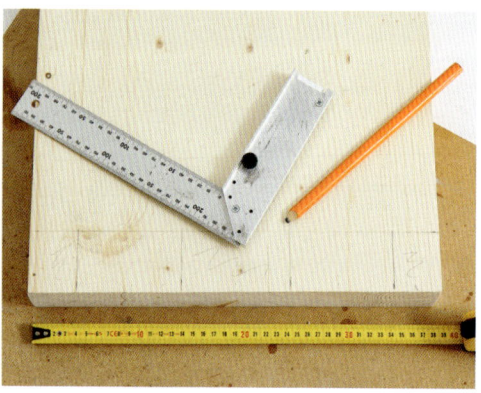

3 Wie hier an einem Bein, werden die Zinken genau angezeichnet. Dabei sollen die äußeren Zinken der Sitzfläche auf den Beinen aufliegen.

4 Mit der Stichsäge werden die auszusparenden Zinken erst senkrecht eingeschnitten und dann ein Schnitt von der Mitte zur Ecke gesägt.

5 Jetz kann man von der freien Ecke aus bequem an der Grundlinie der Zinkenmarkierung entlang bis an die gegenüberliegende Ecke sägen.

6 Bevor die Montage beginnt, werden noch mal alle Kanten der aufgedoppelten Platten glatt übergeschliffen (Körnung 120) – nicht die Zinken!

7 Mit einem Zulageholz als Druckverteiler wird die Sitzfläche jetzt mit den Zinken des ersten Beins zusammengetrieben. Das andere Ende hält ein Helfer.

8 Da ausreichend große Schraubzwingen wohl nur ein Profi hat, werden die Verbindungen mit Spanngurten zusammengezwungen.

9 Je eine Quadratleiste 4 x 4 x 30 cm wird an zwei aneinander liegenden Seiten mit schnell abbindendem Holzleim eingestrichen.

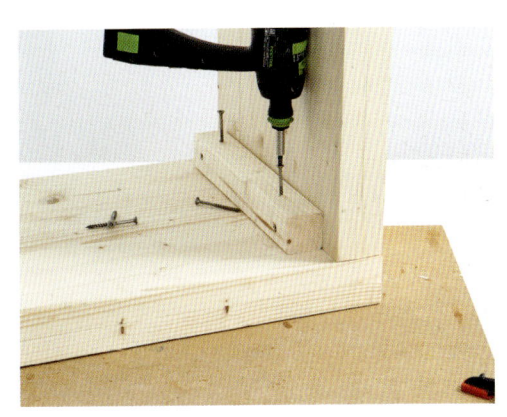

10 Die eingeleimten Leisten mittig von unten in die Ecken der Bein-Sitzflächen-Winkel drücken und mit je zwei Schrauben an jeder Seite montieren.

11 Sobald alle Leimverbindungen durchgetrocknet sind, wird die gesamte Bank, besonders die Zinkenverbindungen, glatt geschliffen (Korn 120).

12 Zum Schluss bekommt die Bank einen schützenden Anstrich. Hier ist es eine Mahagoni-Lacklasur, aber auch normaler Lack ist möglich.

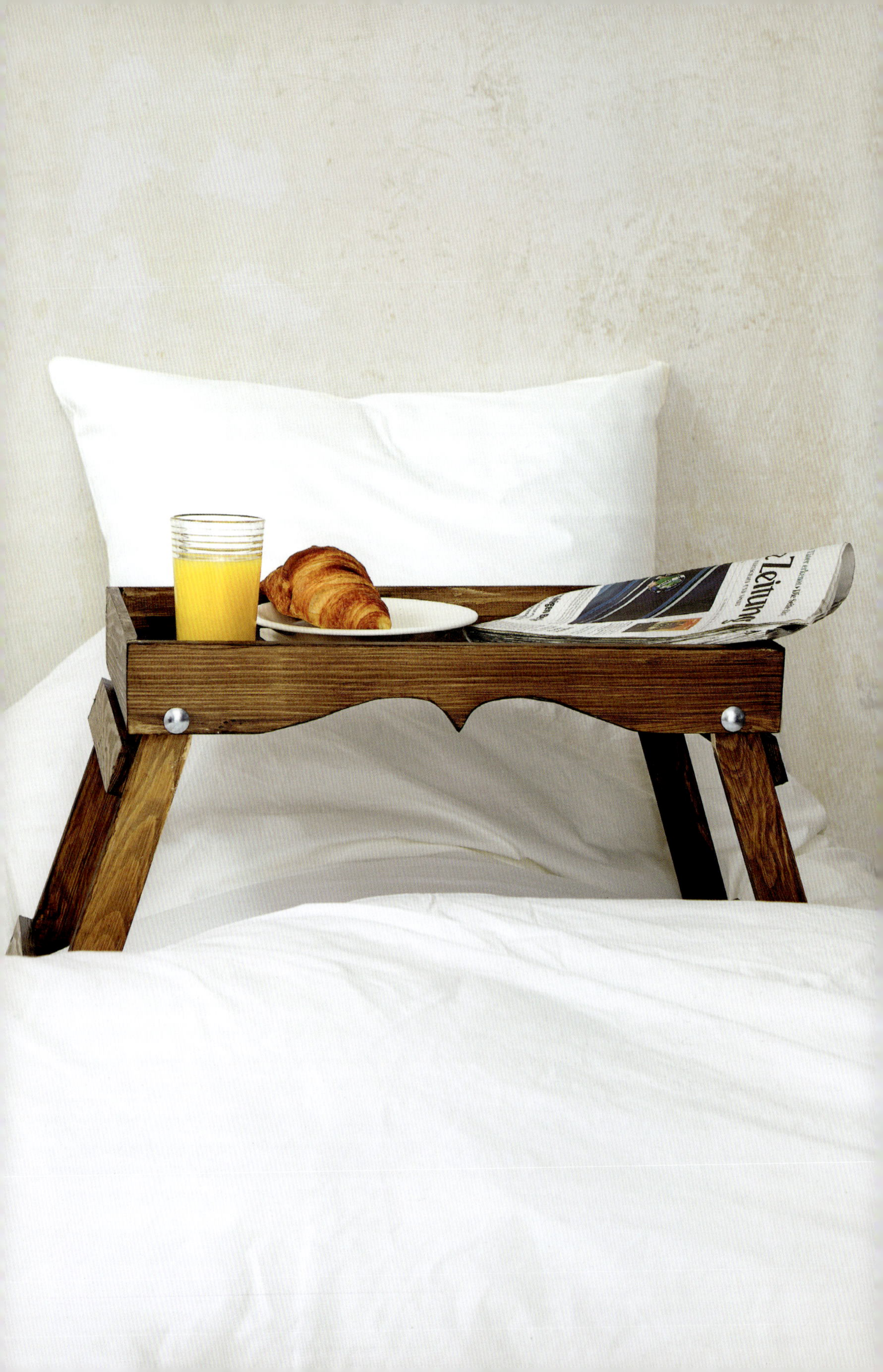

BUTLER-TABLETT

Frühstück im Bett oder eine Tasse Tee beim Lesen vor dem Einschlafen – ein Serviertablett mit integriertem Gestell ist sehr praktisch und ersetzt auch mal den kleinen Beistelltisch. Um dieses Tablett würde Sie ein Butler sicher beneiden, denn die praktische Kostruktion erlaubt das Ausklappen des Gestells, während Sie das Tablett tragen. So stört es nicht beim Gehen, ist aber einsatzbereit, wenn Sie es brauchen.

Ein Tablett ist zwar nicht unbedingt ein Gegenstand für den täglichen Gebrauch, doch wenn Sie Gäste haben oder auch eine größere Familie, kommen Sie um diese praktische Transporthilfe für Kuchen und Co. kaum herum. Zudem ersetzt ein Tablett viele Gänge zwischen Küche und Essplatz sowie den oft gewünschten dritten und vierten Arm – kurz: Ein Tablett gehört in jeden Haushalt. Dieses Serviertablett kann aber noch mehr. Mit seinem ausklappbaren Gestell landet es gern zum Frühstück im Bett. Die Beine sind so konstruiert, dass sie sich im eingeklappten Zustand nicht gegenseitig behindern. Ausgeklappt sind sie so lang, dass man sich das Tablett problemlos auf der Bettdecke über die Beine stellen kann. Wer im Bett nicht gern alleine frühstückt, sollte sich aber zwei Stück bauen, denn sonst kann es mit dem Platz für Teller, Tasse und Konfitüre etwas knapp werden. Neben dem ein- und ausschwenkbaren Gestell macht die geschwungene Gestaltung der langen Seiten dieses Tablett zu etwas Besonderem. Zum einen sieht es schöner aus, wenn die Begrenzungsleisten nicht einfach gerade durchlaufen. Zum anderen lässt sich das Tablett hier sehr gut anfassen und leicht hochnehmen. Die Gestaltung können Sie sich hier abgucken oder sich selbst ein einfaches Ornament entwerfen. Es entsteht zunächst auf Papier und wird dann mit einem kleinen Trick, wie er in den Arbeitsschritten gezeigt wird, auf die Seitenleisten übertragen. Bei den Abmessungen des Ornaments muss man nur beachten, dass es unterhalb der Tablettplatte bleibt und dass vor der Ecke wieder die volle Leistenbreite erreicht ist. Achtsamkeit erfordert auch das Einmessen der Drehpunkte für das Gestell. Die Bohrungen für die Schlossschrauben, die Gestell und Tablett verbinden und zugleich die Gelenkachse sind, müssen so weit von der Platte entfernt gebohrt werden, dass sich die Beine frei ausklappen lassen. Dasselbe gilt für die Bohrungen in den Beinen. Wenn Sie sich nicht sicher sind, am besten mit einem Stück Leistenrest ausprobieren, bevor Sie in die richtigen Gestellbeine bohren. Funktioniert es mit dem Leistenrest, haben Sie gleich eine perfekte Bohrschablone. Am Schluss kann es sein, dass Sie die eine Kante des Gestellbeins am Drehpunkt noch etwas abrunden oder zumindest anschrägen müssen, damit der Drehpunkt möglichst weit im Tablettrahmen liegt.

MATERIALLISTE

- ☐ 2 Leisten, 1,0 x 7,0 x 32,0 cm
- ☐ 2 Leisten, 1,0 x 7,0 x 52,0 cm
- ☐ Karton und 1 Blatt Papier
- ☐ 1 Sperrholzplatte, 0,9 x 30,0 x 50,0 cm
- ☐ 4 Leisten, 1,2 x 4,0 x 36,0 cm (Beine)
- ☐ 2 Leisten, 1,2 x 4,0 x 27,0 cm
- ☐ 2 Leisten, 1,2 x 4,0 x 30,0 cm
- ☐ 2 Schlossschrauben, M6 x 50 mm
- ☐ 2 Schlossschrauben, M6 x 30 mm
- ☐ 4 Muttern, M6
- ☐ 8 Schrauben 4 x 30 mm
- ☐ 6 Unterlegscheiben, ca. 6,2 x 15 mm
- ☐ 2 Kunststoffdistanzhülsen, Ø 6 x 20 mm, 15 mm lang
- ☐ Stichsäge, Feinsäge, Gehrungslade, Geo-Dreieck, Bleistift, Lineal, Akkubohrschrauber, 6-mm-Holzbohrer, Zulageholz, Holzleim, Klebeband, Schreinerwinkel, Lasurpinsel, Lacklasur Farbton Nussbaum, Schleifpapier Korn 80, 3-mm-Holzbohrer, 10-mm-Schraubenschlüssel

FÜR EXPERTEN

1 Für eine reibungslose Montage werden als Erstes alle Leisten auf Maß zugesägt. Die Rahmenecken auf 45° Gehrung, die Beine mit einer 10°-Schräge.

2 Im Maßstab 1 : 1 zeichnet man sich das seitliche Ornament auf einem Blatt Papier vorher auf. Als Bezugslinie wird die Unterkante der Platte gezeichnet.

3 Anschließend wird die Zeichnung auf Karton geklebt, bis zur Mitte ausgeschnitten und an die markierte Mitte angelegt und angezeichnet.

4 Nachdem die Schablone so viermal übertragen wurde und zwei symmetrische Ornamente entstanden sind, werden diese ausgesägt.

5 Jetzt auch auf die Leiste die Plattenunterkante zeichnen, die Beine positionieren, zeichnerisch verlängern und die Bohrpositionen markieren.

6 Dann die »Gelenklöcher« mit 6 mm Durchmesser in die Rahmenleisten und die Beine bohren. Ein Zulageholz verhindert das Ausreißen der Leisten.

7 Mit schnell abbindendem Holzleim nun die Rahmenleisten an die Tablettplatte leimen. Sie liegt auf 20-mm-Leisten und Klebeband fixiert die Ecken.

8 Die vorbereiteten Gestellbeine werden jetzt mit je zwei stabilisierenden Querleisten rechtwinklig verleimt und verschraubt.

9 Alle fertigen Baugruppen werden vor der endgültigen Montage mit einer Lasur dunkelbraun angestrichen (hier Nussbaum).

10 Eine Schablone am Drehpunkt hilft beim Markieren des sperrenden Teils am Bein, der abgesägt, geschliffen und lasiert wird.

11 Die Beine werden mit Schlossschrauben montiert, die man von außen durchsteckt und von innen mit einer untergelegten Scheibe verschraubt.

12 Unterlegscheiben zwischen Gestell und Rahmen lassen es gut drehen. Das schmale Gestell braucht längere Schrauben und Distanzhülsen.

FÜR EXPERTEN **109**

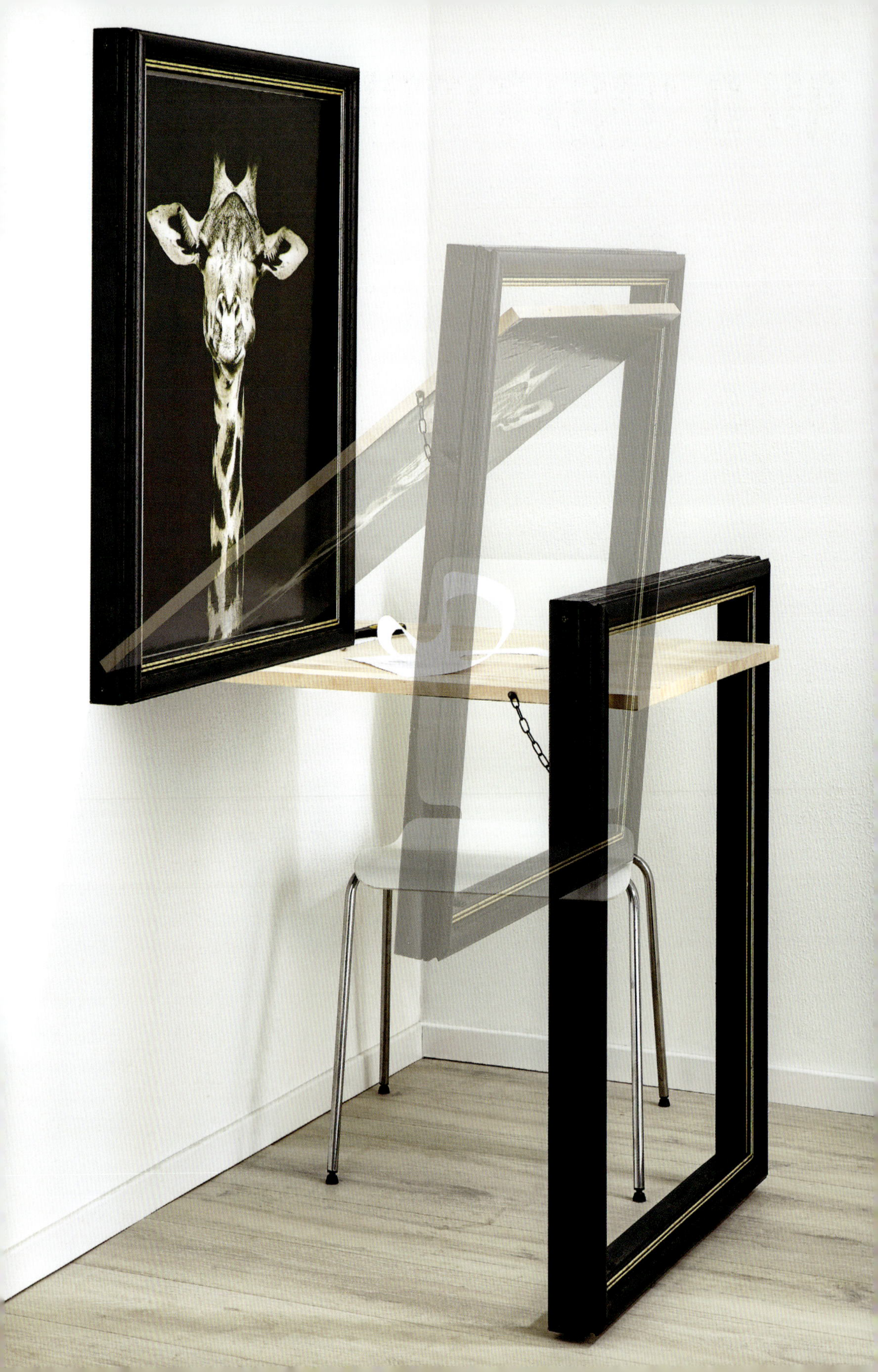

BILD UND TISCH

Ein Tisch, der praktisch keinen Platz im Raum wegnimmt, aber immer da ist, wenn man ihn braucht. Der sich hinter einem Bild versteckt, solange er Pause hat. Dieser Tisch ist so unauffällig, dass er in der kleinsten Wohnung einen Platz findet. Gerade für Menschen, die nur ab und an einen Tisch zum Basteln oder Kaffeetrinken brauchen, ist dieses originelle Wandmöbel geradezu optimal.

Die Idee, einen Bilderrahmen zum Tischgestell zu machen, verspricht zunächst keine sehr stabile Konstruktion. Aber genau so bekommt dieser Tisch, der sich hinter einem Bild an der Wand versteckt, seine Standfestigkeit. Der Trick dabei liegt hinter dem Bilderrahmen und ist ein stabiler Leistenrahmen, der die eigentliche Stabilität gibt. Das Bild klebt auf der Unterseite der ausgeklappten Tischplatte. Alternativ wird dort ein passender, zusätzlicher Bilderhalter angeschraubt. So können Sie den Wandschmuck sogar auch mal wechseln.
Ein Gelenk verbindet die Tischplatte und den Leistenrahmen, sodass sich die Platte in den Rahmen einpasst, wenn sie an die Wand geklappt wird. Und schon ist aus dem Wandtisch ein Wandbild geworden, das im Raum keinen Platz mehr wegnimmt. Damit der stabile Leistenrahmen und der aufgesetzte Bilderrahmen optisch wie eine Einheit wirken, sollten sie dieselbe Farbe haben. Je dunkler, desto besser. Hier gab der Bilderrahmen den fast schwarzen Anstrich vor. So fallen Fugen nicht mehr auf.

MATERIALLISTE

- ☐ 2 Latten, 4,4 x 4,4 x 88,5 cm
- ☐ 2 Latten, 4,4 x 4,4 x 68,5 cm
- ☐ 1 Leimholzplatte, 1,8 x 58,0 x 78,0 cm
- ☐ 2 Holzdübel, Ø 10 mm
- ☐ 4 Schrauben 5,0 x 50,0 mm
- ☐ Lacklasur, schwarz und weiß
- ☐ 1 Bilderrahmen (hier) 4,8 cm breit, Innenmaß 59,0 x 79,0 cm
- ☐ 2 Türklinkenpuffer, selbstklebend
- ☐ 2 Neodym-Magnete zum Anschrauben
- ☐ 2 Torbeschläge, ca. 5,0 x 15,0 cm (offen)
- ☐ 1 Kette, 16,5 cm lang
- ☐ 2 Polsternägel
- ☐ Akkubohrschrauber, 10-mm-Holzbohrer, Bohrtiefenbegrenzer, Holzleim, Hammer, 6 Schrauben 5 x 60 mm, Lasurpinsel, 8-mm-Wanddübel, 6 Schrauben 3,5 x 16 mm

1 In die langen Leisten und die Plattenkante, 8 cm eingezogen und mit ca. 1 cm Randabstand, je ein 10-mm-Loch für das Gelenk bohren.

2 Als Drehachse wird je ein 10-mm-Holzdübel ohne Leim in das Bohrloch in der Plattenkante gesetzt. Das Loch sollte nur 1/3 der Dübellänge tief sein.

FÜR EXPERTEN

3 Den Leistenrahmen auf die Dübel stecken, an den Gehrungsecken mit Holzleim verleimen und zusätzlich mit einer 50-mm-Schraube verschrauben.

4 Vor dem Lasieren des Leistenrahmens den Farbton des Bilderrahmens anmischen (hier anthrazit), also wird der schwarzen Lasur etwas Weiß zugegeben.

5 Zum Lasieren des Leistenrahmens die Tischplatte rund um den Drehpunkt sorgfältig abkleben und in Maserrichtung mit einem Lasurpinsel streichen.

6 Sobald die Lasur trocken ist, wird der echte Bilderrahmen auf den Leistenrahmen geleimt. Er darf an der Unterkante maximal 1 cm überstehen.

7 Damit das Tischgestell weich aufsetzt, werden selbstklebende Kunststoffpuffer für Türklinken an die Unterseite des Leistenrahmens geklebt.

8 Die Wandhalterung erfolgt durch zwei starke Neodym-Magnete zum Anschrauben, die oben auf der Wandseite vom Leistenrahmen montiert werden.

9 Mit zwei Scharnieren, die einen langen Schenkel haben, sogenannte Torbeschläge, wird die Tischplatte klappbar an der Wand verdübelt.

10 Zu den Magneten gibt es Metallscheiben als Gegenstück, die auch in der Wand verdübelt werden – Unterlegscheiben funktionieren aber auch.

11 Das Rahmengestell des Tischs soll unten leicht schräg nach außen stehen. Eine angenagelte Kette verhindert, dass es zu schräg steht.

12 Zum Schluss wird das vorgesehene Bild oder Poster, zum Beispiel mit verdünntem Leim, (siehe Tipp) vollflächig auf die Tischplatte geklebt.

» TIPP

Um ein Bild auf die Leimholzplatte zu kleben, gibt es mehrere Möglichkeiten. Die günstigste Methode ist es, Holzleim mit etwas Wasser so weit zu verdünnen, dass er sich leicht mit einer Lackrolle auftragen lässt. Der dann hohe Wasseranteil im Leim hat allerdings den Nachteil, dass sich das Papier dehnt und es Wellen und Blasen wirft. In der Regel ziehen die beim Trocknen wieder raus. Das ist aber vom Papier abhängig und sollte vorher einmal getestet werden. Alternativ können Sie das Bild auch mit korrigierbarem Sprühkleber, einer »Kaltkaschierfolie« (zweiseitig selbstklebende Folie von der Rolle, aus dem Grafikbedarf) oder einem speziellen Buchbinderleim (Kunstharz-Dispersionsleim, gibt es auch im Grafikbedarf) blasenfrei aufkleben.

FÜR EXPERTEN

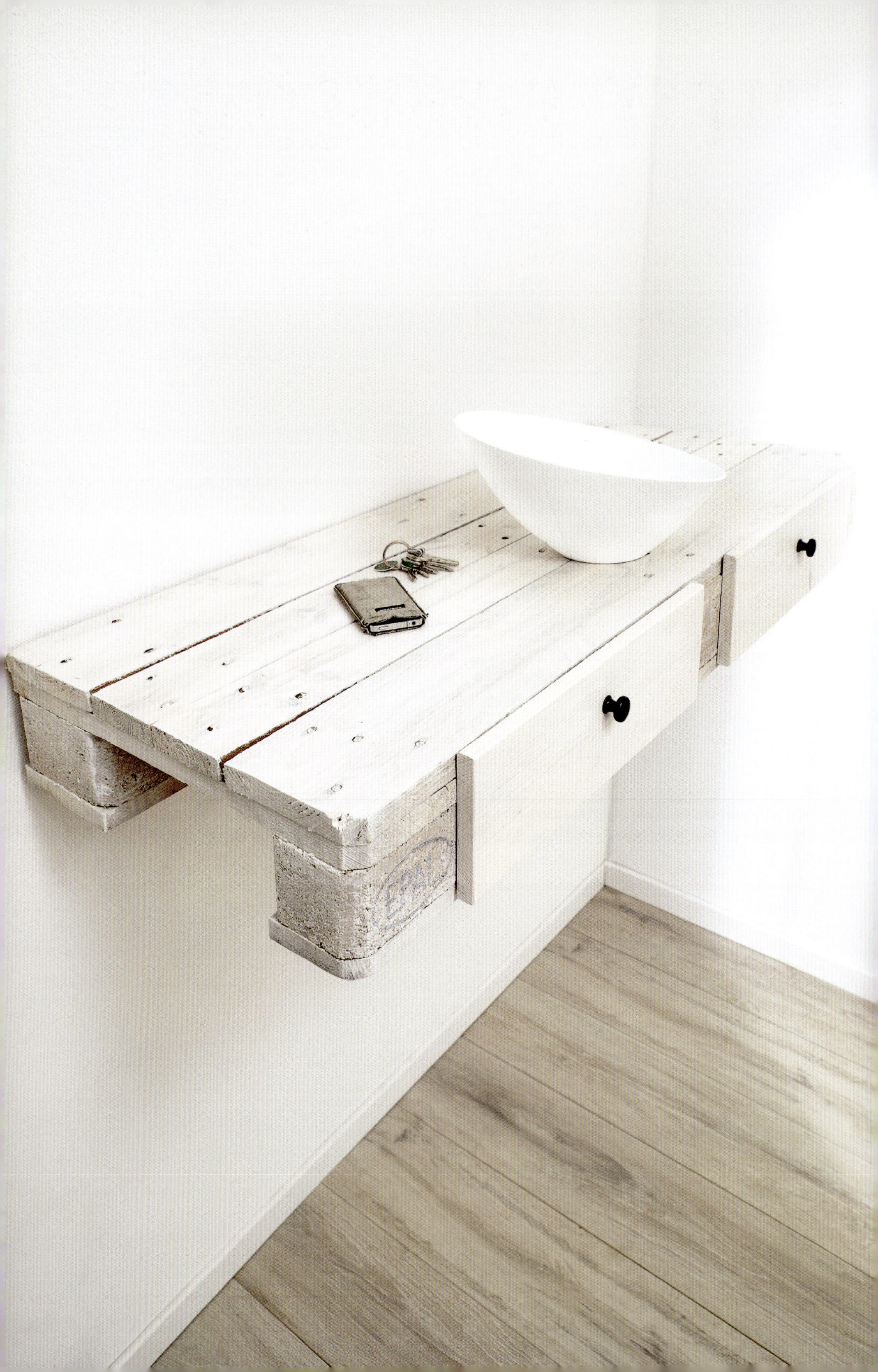

PALETTEN-SIDEBOARD

Ein richtiges Möbel aus einer alten Palette zu bauen, ist mit etwas Schleifen und Anmalen schnell zu schaffen und nicht kompliziert. Heraus kommt ein sicher rustikales und individuelles Einzelstück, auf das Sie dann mit Recht stolz sein dürfen. Paletten bekommen Sie bei spezialisierten Händlern und heute auch schon im Baumarkt, denn der Trend, daraus Möbel zu bauen, wird immer stärker.

Dies ist das zweite Palettenmöbel unter den 33 Projekten in diesem Buch und ein wenig aufwendiger als das Regal, das ab Seite 52 beschrieben wird. Dafür hat es sicher einen noch größeren Nutzen und ist als Einzelstück auch im Wohnbereich ein Blickfang.

Um aus einer groben Europalette ein Sideboard zu machen, braucht man unbedingt einen sogenannten Kuhfuß, ein großes Nagel- oder Kisteneisen zum Lösen von Brettern. Außerdem benötigen Sie ein paar auf Maß geschnittene Materialien für die zwei Schubladen. Das ist auch der aufwendigste Teil des Projekts und erfordert Genauigkeit.

Die Palette als Ausgangsmaterial ist mit ihrem Standardmaß von 80 x 120 cm (»Europalette 1«) etwas sperrig, sodass Sie sie in kleinen Arbeitsbereichen nur mit Schwierigkeiten handhaben können. Da sollten Sie den zweiten Arbeitsschritt vorziehen und die Palette vor dem Haus verkleinern. Dadurch wird das Schleifen etwas unkomfortabler, dafür schonen Sie Ihre vier Wände.

MATERIALLISTE

- ☐ 1 Europalette, Euro1, 14,4 x 80,0 x 120,0 cm
- ☐ Lacklasur, weiß
- ☐ 2 Bretter, 1,8 x 14,0 x 43,0 cm
- ☐ 4 Bretter, 1,8 x 9,0 x 44,0 cm
- ☐ 2 Bretter, 1,8 x 9,0 x 34,4 cm
- ☐ 2 Bretter, 1,8 x 6,0 x 34,4 cm
- ☐ 2 Hartfaserplatten, weiß beschichtet, 0,5 x 38,0 x 43,5 cm
- ☐ 4 Hartfaserstreifen 10,0 x 45,0 cm
- ☐ 2 Schubladenknäufe
- ☐ 2 Konsolenträger
- ☐ Schleifmaschine, Schleifpapier Korn 80, Stichsäge oder Fuchsschwanz, Lasurpinsel, Schreinerwinkel, Zollstock, Bleistift, Japansäge, Holzleim, Akkubohrschrauber, Aufreiber, 16 Schrauben 4 x 35 mm, 32 Schrauben 3 x 16 mm

1 Mit einer Schleifmaschine (Exzenter- oder Schwingschleifer) und Schleifpapier (Korn 80) werden Oberfläche und Kanten der Palette geglättet.

2 Jetzt hebelt man die schmalen Bretter von der Palette ab und sägt sie am Mittelbrett entlang in zwei Teile, von denen nur das breitere Teil gebraucht wird.

FÜR EXPERTEN 115

3 Mit den beiden abgenommenen, schmalen Brettern wird die Lücke auf der Palette geschlossen, wofür man sie ggf. etwas schmaler sägen muss.

4 Jetzt wird die ganze Palette an den sichtbaren Stellen mit einer weißen Lacklasur zweimal gestrichen. Die Stempel sollen aber noch durchscheinen.

5 Die Rahmenbretter für die Schubladen sägt man rechtwinklig mit einer feinen Säge, am besten einer Japansäge, zu. Ebenso die breiten Blendenbretter.

6 Die Rahmen werden an den Ecken stumpf miteinander verleimt und zusätzlich mit zwei Schrauben je Ecke verbunden.

7 Mit dem schmalen Rahmenbrett wird dieser von hinten so an die 12 cm hohe Schubladenblende geschraubt, dass diese oben und unten gleich übersteht.

8 Jetzt werden auch die beiden Schubladen je zweimal mit weißer Lacklasur in Maserrichtung gestrichen. Oder man streicht in einer Kontrastfarbe.

9 Sobald die Lasur getrocknet ist, wird der Boden aus einseitig weiß beschichteter Hartfaserplatte mit 16 kleinen Schrauben am Rahmen montiert.

10 Oberhalb des vorderen Rahmenbretts wird in der Mitte der Blende ein Loch gebohrt und von hinten ein Schubladenknauf angeschraubt.

11 Breite Hartfaserstreifen werden als Gleitfläche für die Schubladen auf die unteren, ungestrichenen Palettenbretter geleimt.

12 Mit einer »Tischhöhe« von etwa 90 cm wird das Sideboard mit zwei stabilen Konsolen an die Wand gedübelt und an den Konsolen fixiert.

» TIPP

Manchmal ist es entscheidend, dass Schraubenköpfe nicht vorstehen. Das ist auch bei diesen Schubladen so, denn anderenfalls könnten sie den freien Lauf der Lade sperren. Manchmal ist es aber auch einfach der besseren Optik geschuldet, die Schrauben ins Material einzusenken. Um die kegelförmigen Köpfe von »Senkkopfschrauben« bündig ins Holz zu schrauben, muss das Bohrloch ebenso kegelförmig erweitert werden. Das macht man mit einem sogenannten Aufreiber, einem ebenfalls kegelförmigen Bohrfuttereinsatz. Hiervon gibt es Modelle mit drei oder mehr Schneiden. Beim Aufreiben eines Bohrlochs mit geringer Drehzahl arbeiten und nur kurz, dafür besser öfter, ansetzen, damit die Bohrung nicht zu weit aufgerieben wird.

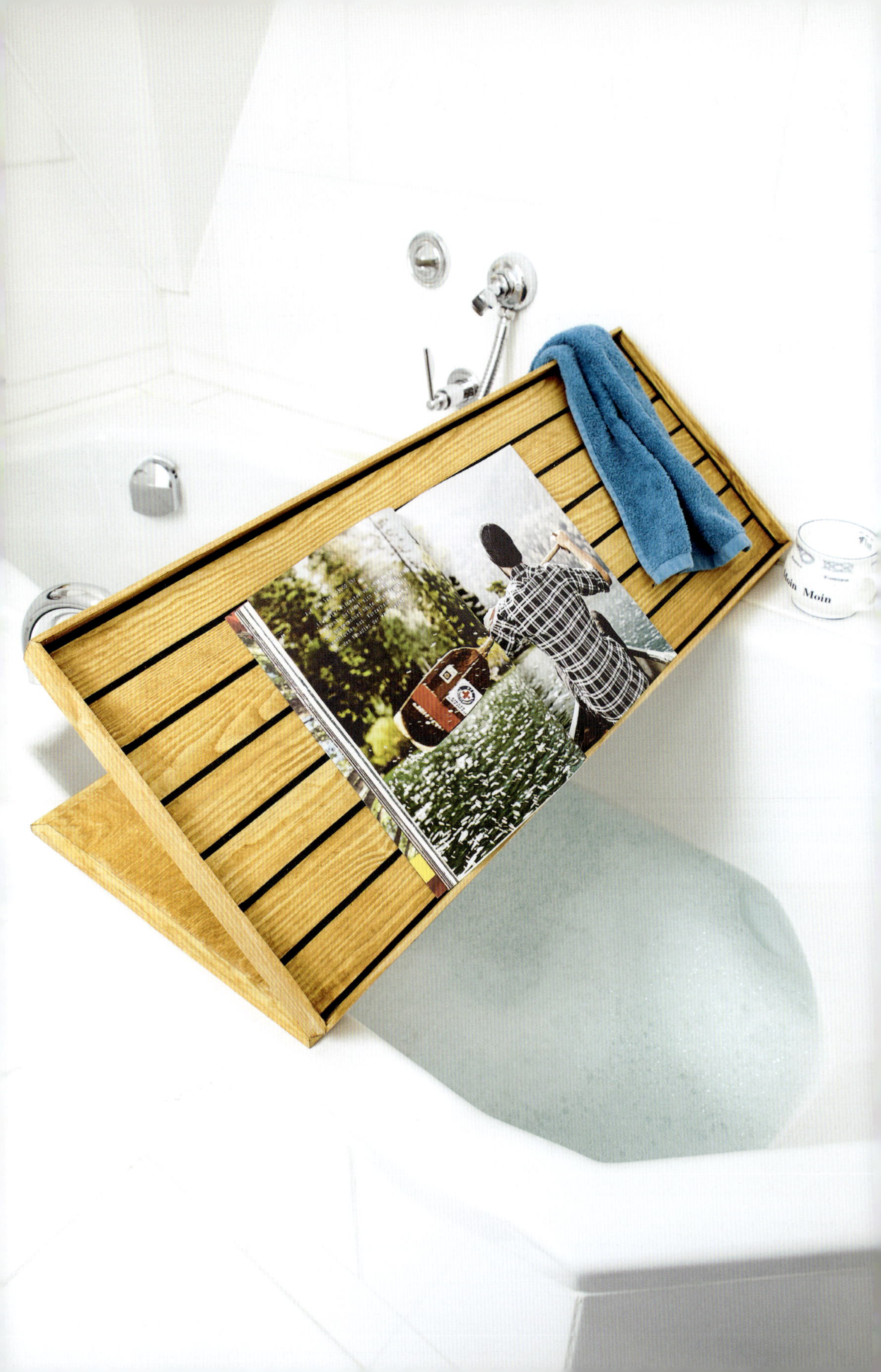
Moin Moin

BADEWANNENTISCH

Ein Tisch für die Wanne, um Lesestoff ablegen oder einfach nur eine Tasse Tee abstellen zu können: So wird das Wannenbad noch entspannender. Dieser Badewannentisch ist Tablett und Buchstütze in einem. Er ist im Stil eines echten Stabdecks – von einer Luxusyacht – und nach derselben Methode gebaut. Diese nützlichen Decksplanken freuen jeden »Badewannenskipper« und machen die Badezeit garantiert noch schöner!

Ein Tisch, der beim Baden genug Platz für Literatur nebst Handtuch bietet und den man direkt vor der Brust hat, macht das Wannenbad wirklich zur Entspannung. Zum Lesen kann dieser Wannentisch wie eine Buchstütze aufgestellt werden. Wenn man lieber etwas zum Trinken beim Baden hat und noch eine Ablage für einige Pflegeutensilien und Handtücher braucht, dann wird der Tisch einfach flach zusammengeklappt.

Ein erhöhter Rahmen und die Fugen aus einer Art rutschfestem Gummi verhindern, dass die Dinge vom Tisch ins Wasser rutschen können. Die obere Tischplatte ist im Prinzip genauso gebaut wie das Deck einer Yacht. Auch wenn die Leisten hier sehr viel dünner sind und ein anderer Leim verwendet wird, die Fugenmasse findet man auch bei echten Stabdecks. Man bekommt sie natürlich im Yachtbedarfshandel und über das Internet, aber auch Baumärkte mit einer nautischen Abteilung führen diese Stabdeck-Fugenmasse auf Polyurethanbasis. Die Verarbeitung ist simpel, braucht aber etwas Zeit.

MATERIALLISTE

- ☐ 7 Leisten, 0,5 x 4,0 x 79,0 cm
- ☐ 2 Leisten, 0,5 x 3,0 x 81,0 cm
- ☐ 2 Leisten, 0,5 x 3,0 x 32,5 cm
- ☐ 2 Anleimerleisten, 1,0 x 1,0 x 32,5 cm
- ☐ 2 Anleimerleisten, 1,0 x 1,0 x 81,0 cm
- ☐ 1 Lattenabschnitt, 4,4 x 4,4 x 15,0 cm
- ☐ 1 Multiplexplatte, 0,9 x 31,5 x 80,0 cm
- ☐ 1 Multiplexplatte, 0,9 x 30,5 x 79,0 cm
- ☐ 3 Schrauben 3,0 x 15,0 mm
- ☐ 12 Blechschrauben 3,5 x 9,0 mm
- ☐ Holzöl, pigmentiert
- ☐ 1 Kartusche Decksfugenmasse
- ☐ 2 Scharniere, ca. 3,0 x 10,0 cm (offen)
- ☐ 1 Torbeschlag, ca. 5,0 x 17,0 cm (offen)
- ☐ Metermaß, Feinsäge, Gehrungslade, Holzleim, Paketklebeband, Teelöffel, Kartuschenpistole, Stecheisen (20 und 5 mm), Schleifmaschine, Schleifpapier Körnung 120, Pinsel, Akkubohrschrauber, 3-mm-Holzbohrer

1 Beginnen Sie mit dem Zuschnitt aller Leisten. Dabei bekommen die Rahmenleisten und Anleimer für die untere Platte jeweils eine 45°-Gehrung.

2 Die Deckleisten werden mit wasserfestem Holzleim auf die Tischplatte geleimt. 5-mm-Leistenabschnitte dienen als Abstandshalter.

FÜR EXPERTEN

3 Nachdem der Leim getrocknet ist, werden die Abstandshalter entfernt und der Tischrahmen angeleimt. Die Ecken mit Paketklebeband fixieren.

4 Auch die untere, kleinere Platte bekommt jetzt ihre Anleimer, die man genauso wie den Rahmen mit wasserfestem Holzleim anleimt und mit Klebeband fixiert.

5 Jetzt die Fugen mit der PU-Decksversiegelung füllen (wo die Masse einsinkt, einfach nachspritzen). Dabei soll ein Wulst vor der Kartuschenspitze laufen.

6 Bei dieser kleinen Fläche werden alle Fugen gefüllt und anschließend mit einem Teelöffel so abgezogen, dass die Leistenkanten sichtbar werden.

7 Nach einem Tag Trockenzeit schneidet man die überstehende Fugenmasse mit einem umgedrehten, scharfen Stecheisen bündig zur Oberfläche ab.

8 Dann die Reste mit der Schleifmaschine (Papier Korn 120) entfernen und die Fläche glätten. Die Ecken brauchen einen Deltaschleifer oder Handarbeit.

9 Damit das Holz der Feuchtigkeit im Bad widersteht, wird es mit einem pigmentierten Holzöl, alternativ mit einem Bootslack, geschützt.

10 Die untere »Auflageplatte« und die obere »Tischplatte« jetzt bündig aneinanderlegen und mit zwei Edelstahlscharnieren verbinden.

11 Als Aufsteller dient ein »Torbeschlag«, den man von unten an die Tischplatte schraubt. Vorher testen, wo die gewünschte Neigung erreicht wird.

12 Damit der Aufsteller nicht wegrutscht, macht man mit feinen Bohrungen und einem schmalen Stecheisen einen Schlitz als Aufnahme.

» TIPP

Damit der Badewannentisch unverrückbar auf dem Wannenrand liegen bleibt, sollten Sie, entsprechend der Breite Ihrer Wanne, einen oder zwei »Bremsklötze« unter die untere Platte schrauben. Dafür genügen kurze Leistenabschnitte, die übergeschliffen und mit Holzöl oder Bootslack geschützt werden. Ist die Wanne direkt an die Wand gebaut, reicht ein Klotz, der innen an der Wannenwand anliegt. Wem die Klötze zu grob sind, der kann sie durch Aluwinkel ersetzen, die aber mit Moosgummi beklebt (einen schaumstoffgeeigneten Kleber verwenden) werden sollten, damit die Wanne vor Kratzern geschützt ist. Alternativ können Sie nur Moosgummi unter den Tisch kleben, der dann aber nicht ganz so sicher an seinem Platz bleibt.

FÜR EXPERTEN

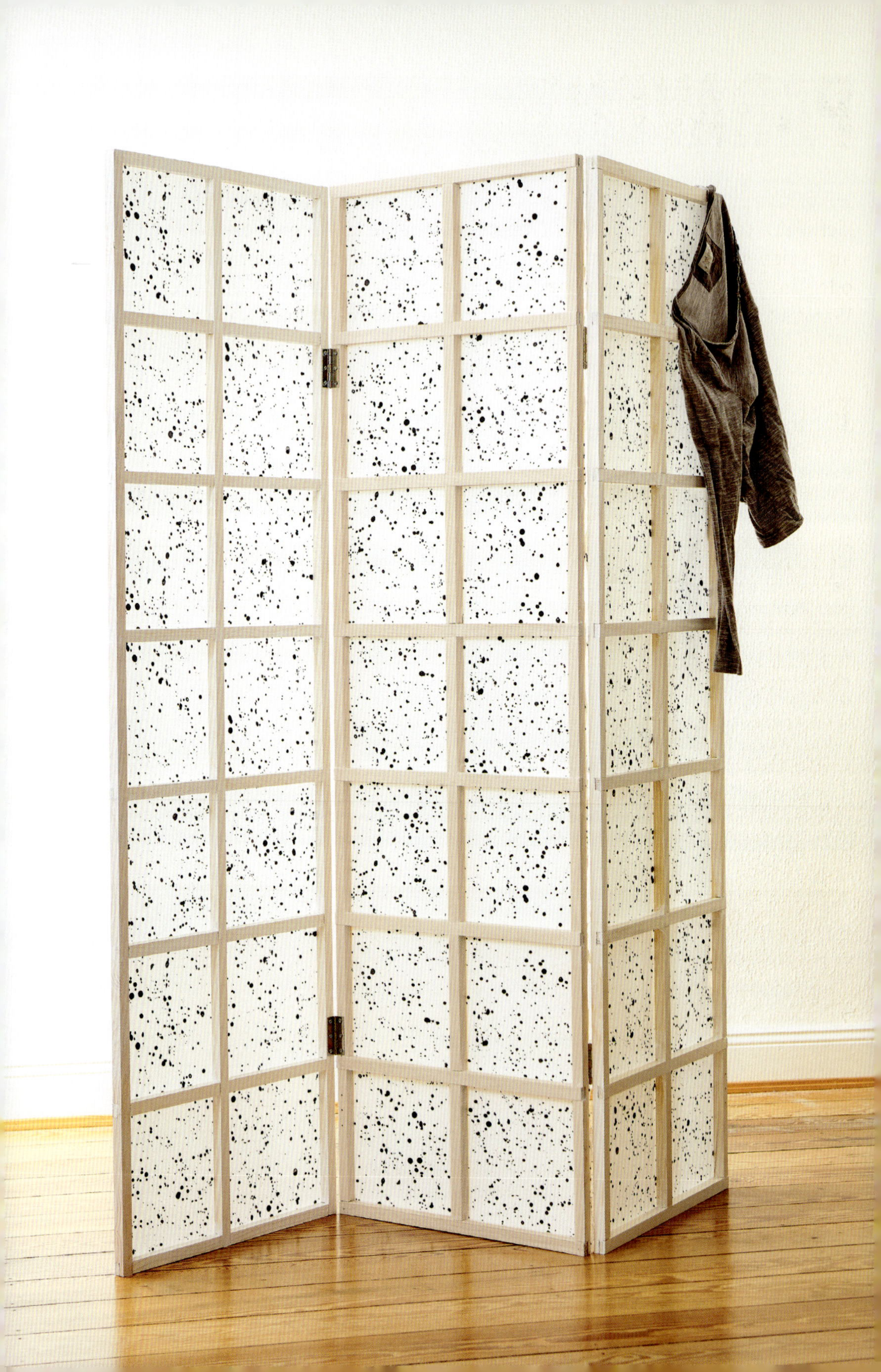

PARAVENT

Ein Paravent ist zwar ein Relikt aus längst vergangenen Zeiten, in denen man sich beim Umkleiden schamhaft versteckte. Heute kommen diese »Wandschirme« aber wieder in Mode. Ob als reines Deko-Element, als Streuschirm für eine Lampe oder um tatsächlich etwas vor den Blicken anderer zu verstecken – so eine faltbare Wand ist unglaublich vielseitig und ein perfektes Projekt zum Nachbauen.

Früher waren Paravents oftmals massiv, aus Holz und schwere Ungetüme. Das geht auch leicht und filigran, wie dieser rund 170 Zentimeter hohe Paravent zeigt. Er ist aus einem zarten Leistengestell und rückseitig mit Stoff bespannt. Trotzdem kann er vor Blicken schützen. Zudem lässt er sich problemlos wie ein Leporello zusammenfalten und platzsparend verstauen.

Das Nachbauen ist allerdings etwas für Fleißige. Jede Überkreuzung der Leisten muss ausgeklinkt werden, um eine Überblattung herzustellen. Mit anderen Worten, Sie müssen die Positionen, an denen sich die Leisten treffen, sehr genau anzeichnen. Danach ebenso exakt einsägen und mit einem scharfen Stecheisen ausstechen. Schon bei einem Flügel müssen Sie das immerhin 48-mal machen.

Wenn das aber geschafft ist, geht es schnell: Jeder Rahmen wird einfach nur verleimt und dann mit Stoff bespannt. Es ist auch möglich, schon mit zwei Flügeln einen Paravent zu bauen oder ihn nach Bedarf beliebig zu verlängern.

MATERIALLISTE

- 24 Leisten, 2,0 x 2,0 x 50,0 cm
- 9 Leisten, 2,0 x 2,0 x 170,0 cm
- 6 Flachleisten, 0,5 x 2,0 x 50,0 cm
- 6 Flachleisten, 0,5 x 2,0 x 170,0 cm
- Lacklasur, weiß
- 3 Stoffbahnen, ca. 55,0 x 175,0 cm
- 4 Scharniere, ca. 4,0 x 6,0 cm (offen)
- Japansäge oder Feinsäge, Metermaß, Bleistift, 20-mm-Stecheisen, Schreinerwinkel, Holzleim, Schwingschleifer, Schleifpapier Korn 120, Lasurpinsel, große Schere, Tacker, 8-mm-Tackerklammern, Cutter, Gehrungslade, 24 Nägel 15 mm, Schonhammer, Akkubohrschrauber, Schrauben 3 x 16 mm

1 Nachdem alle Leisten auf Länge zugesägt sind, die Überblattungspunkte für die 2x2-cm-Leisten mit 24 cm Zwischenmaß anzeichnen.

2 Mit einer feinen Holzsäge, ideal ist eine Japansäge, die auf Zug sägt, werden die Überblattungen senkrecht bis zur Leistenmitte eingesägt.

3 Zum Ausstechen der Überblattungen benutzt man ein scharfes Stecheisen, 20 mm breit, das mit seiner Klingenfase zum auszustechenden Teil zeigt.

4 Wenn alle Überblattungen fertig sind, zieht man auf den ebenen Fußboden um und verleimt das Gitter an den strammsitzenden Überblattungen.

5 Wenn der Leim abgebunden hat, mit dem Schwingschleifer alle Überblattungen überschleifen, um Leimreste und Markierungen zu entfernen.

6 Weiße Lacklasur lässt den Rahmen optisch noch leichter erscheinen. Ebenso gut kann man ihn jetzt in jeder anderen Farbe lasieren, lackieren oder ölen.

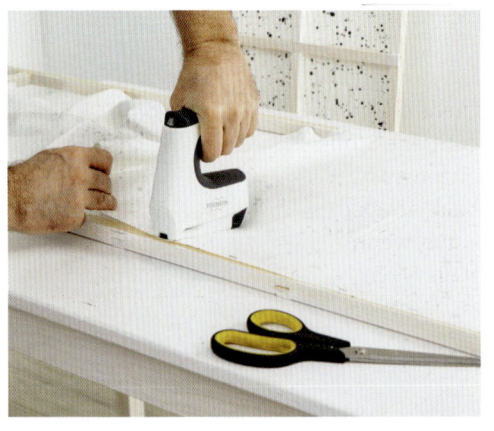

7 Ein Tacker ist optimal, um den grob zugeschnittenen Stoff auf den Leistenrahmen zu spannen. Man könnte ihn auch mit Kontaktkleber anbringen.

8 Ist die Paraventbespannung komplett, schneidet man die überstehenden Stoffränder mit einem scharfen Cuttermesser sauber ab.

9 Für die Rückseite jedes Paraventflügels sägt man 20 mm breite Flachleisten für einen Aufsatzrahmen zu. Die Ecken bekommen eine 45°-Gehrung.

10 Mit 15 mm langen Nägeln wird der hintere Rahmen aufgenagelt und deckt damit die ungesäumte Stoffkante ab.

11 Zwei der Paraventflügel werden bündig aneinandergelegt und mit zwei aufgeschraubten Scharnieren verbunden (offen ca. 4 x 6 cm groß).

12 Nun das Flügelpaar auf den »Rücken« legen, den dritten Flügel anlegen und ebenfalls mit zwei Scharnieren leporelloartig verbinden.

» TIPP

Auch als »Holzwurm« müssen Sie manchmal Stoff verarbeiten. So wie bei diesem Paravent. Hier wurde die zugeschnittene Stoffkante nicht weiter bearbeitet, da sie keinen Belastungen ausgesetzt ist und mit einer Leiste abgedeckt wird. Sobald Sie aber die Abdeckleisten weglassen, sieht es doch schöner aus, wenn die Stoffbahnen einen richtigen Saumabschluss haben. Nicht jedem ist es gegeben, nähen zu können, dennoch lässt sich ein Stoffsaum machen. Der Trick ist Schmelzkleber aus der Heißklebepistole. Er wird abschnittsweise in einem dünnen Strang auf die Stoffkante aufgetragen, dann wird der Stoff ein bis zwei Zentimeter umgeschlagen und angedrückt. Fertig ist der Saum für alle Anwendungen, die nicht beweglich sein müssen.

GLOSSAR

Anleimer Leiste, die zur Verkleidung einer Plattenkante angeleimt wird.

Armierungsgewebe Kunststoffgewebe zum Stabilisieren einer dünnen Putzschicht auf flexiblem Untergrund, wie sie beispielsweise bei einer Gebäudeaußendämmung vorkommt.

Aufreiber Kegelförmiger Bohreinsatz zum Weiten von Bohrlöchern in Holz oder Aluminium, für das bündige Einschrauben von Senkkopfschrauben.

Bohrhammer Eine Art Schlagbohrmaschine, bei der die Schlagenergie, die auf den Bohrer wirkt, durch einen Schlagbolzen erzeugt wird. Für Bohrhämmer sind »SDS-Bohrer« notwendig. Mit einem Bohrhammer bohrt man in mineralisches Material (Stein, Putz), man kann aber auch ohne Schlagwerk z. B. in Fliesen bohren oder den Drehmechanismus abschalten und damit meißeln.

Dübelmarker Markierhilfe zum Positionieren von Holzdübeln. Die Marker aus Kunststoff oder Metall haben mittig einen Markierdorn, der ein Dübelloch auf die Gegenseite überträgt.

Epoxidkleber Kleber aus Kunstharz mit hoher Festigkeit. Wird im DIY-Handel als 2-Komponenten-Kleber (2-K-Kleber) angeboten. Die beiden Komponenten, Harz und Härter, werden üblicherweise im Verhältnis 1:1 angemischt.

Fase Eine feine 45°-Schräge an der Ecke von Holzbauteilen.

Forstnerbohrer Bohrer für große Durchmesser, der durch eine fast umlaufende Umfangschneide saubere Kanten bohrt und sich auch freihand gut führen lässt. Ein Zentrierdorn hilft beim punktgenauen Ansetzen des Bohrers.

Gehrungslade Auch Schneidlade genannt. Eine u-förmige Lade aus Holz oder Kunststoff mit einer rechtwinklig angeordneten Führung und zwei im 45°-Winkel angeordneten Führungen zum präzisen Absägen von Leisten.

Gebrochene Kante Übergeschliffene und so leicht gerundete Holzkante. Dadurch lässt sich das Holz, wie bei einer Fase, angenehmer greifen und bei einer Lackierung kann der Lackfilm nicht an der scharfen Holzkante reißen.

HSS-Bohrer Bohrer bestehen heute meist aus sogenanntem Schnellarbeitsstahl, englisch Highspeedsteel (HSS). Im Unterschied dazu bestehen einfachere Qualitäten aus Chrom-Vanadium-Stahl (CV).

HT-Rohr Abflussrohr aus Polypropylen (PP) für die Montage im Haus. Es ist geeignet, Temperaturen bis 95 °C, Laugen und Säuren zu widerstehen – »HT« steht für Hochtemperatur.

Kontaktkleber Kleber auf Basis eines Polymers, das nach dem Verflüchtigen des Lösungsmittels in einen kristallinen Zustand übergeht, also trocknet und härtet. Bevor dieser Zustand vollends erreicht ist, werden die beidseitg bestrichenen Klebeflächen präzise zusammengefügt (eine Korrektur ist nicht möglich) und dann wird kurz möglichst hoher Druck auf die Klebestelle ausgeübt.

Lenkrollen Um 360 Grad drehbare Möbel- oder Geräterollen. Sie erlauben das freie Bewegen selbst schwerer Gegenstände. Es gibt sie auch mit Feststellbremse.

Neodym-Magnet Magnete aus einer Neodym-Eisen-Bor-Verbindung ermöglichen die stärksten Dauermagnete der Welt. Schon kleine Neodym-Scheibenmagnete mit 2 cm Durchmesser und 1 cm Höhe entwickeln eine Haftkraft von etwa 10 kg.

Schlossschraube Schraube mit flach gewölbtem Kopf ohne Antrieb. An der Unterseite des Kopfes befindet sich ein kleiner Vierkant. Dieser verhindert das Mitdrehen der Schraube, wenn man sie mit einer Mutter fixiert.

Schonhammer Hammer mit zwei Kunststoff-Schlagköpfen. Gute Schonhämmer haben wechselbare Schlagköpfe, um, je nach Aufgabe, unterschiedliche Härten nutzen zu können.

Überblattung Überlagernde Holzverbindung, bei der beide Holzteile (z. B. Kanthölzer, Latten, Quadratleisten) bis auf halbe Materialstärke und in Materialbreite ausgespart werden. Hier werden beide Teile übereinander gelegt und verleimt, verschraubt oder vernagelt.

Zinken Zinnenartige Verschränkung von zwei Holzteilen als Eckverbindung. Die einfachsten Zinken sind gerade, sogenannte Fingerzinken. Es gibt aber auch trapezförmige Schwalbenschwanzzinken.

Ebenfalls erhältlich ...

ISBN 978-3-86244-766-4

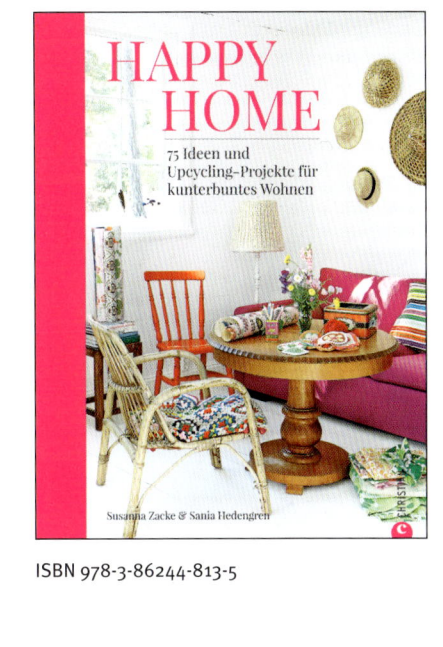

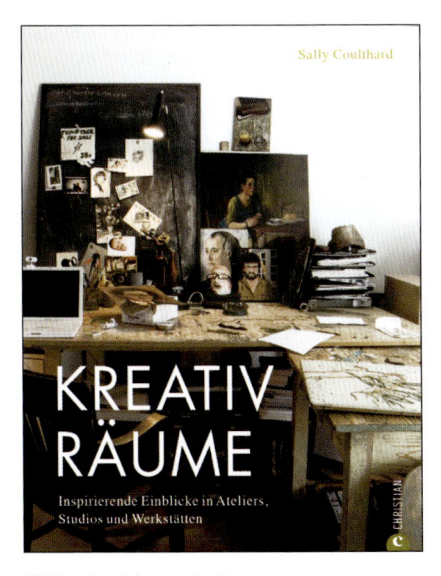

ISBN 978-3-86244-813-5

ISBN 978-3-86244-982-8

ISBN 978-3-95961-116-9

CHRISTIAN

www.christian-verlag.de

IMPRESSUM

Produktmanagement: Anna Geistbeck
Textredaktion: Regina Jooß
Korrektur: Susanne Langer
Layout und Satz: Elke Mader
Umschlaggestaltung: Katharina Franz unter Verwendung
von Fotos von Eike Krebs
Repro: LUDWIG:media, Zell am See
Herstellung: Barbara Uhlig
Konzept, Texte und Projekte: Jörn Lindemann
Fotografie: Eike Krebs, außer: S. 39 u., S. 65 u., S. 90,
S. 93 u.: Jörn Lindemann

Printed in Italy by Printer Trento S.r.l.

★★★★★

Sind Sie mit diesem Titel zufrieden? Dann würden wir uns über Ihre Weiterempfehlung freuen.
Erzählen Sie es im Freundeskreis, berichten Sie Ihrem Buchhändler, oder bewerten Sie bei Onlinekauf. Und wenn Sie Kritik, Korrekturen oder Aktualisierungen haben, freuen wir uns über Ihre Nachricht an Christian Verlag, Postfach 40 02 09, D-80702 München oder per E-Mail an lektorat@verlagshaus.de.

Unser komplettes Programm finden Sie unter www.christian-verlag.de

Alle Angaben dieses Werkes wurden vom Autor sorgfältig recherchiert und auf den neuesten Stand gebracht sowie vom Verlag geprüft. Für die Richtigkeit der Angaben kann jedoch keine Haftung übernommen werden. Insbesondere erfolgt die Fertigung der nach in diesem Werk veröffentlichten Bauanleitungen auf eigene Gefahr. Eine Haftung für Sach- und/oder Personenschäden ist ausgeschlossen.

Die Deutsche Nationalbibliothek verzeichnet diese Publikation in der Deutschen Nationalbibliografie; detaillierte bibliografische Daten sind im Internet über http://dnb.d-nb.de abrufbar.

© 2017 Christian Verlag GmbH, München

ISBN 978-3-95961-110-7
Alle Rechte vorbehalten